LIÇÕES DE PODER

O CRISTIANISMO EM SENHOR DOS ANÉIS

Direção Editorial: Sinval Filho
Direção Administrativa: Wilson Pereira Jr.
Direção de Marketing: Luciana Leite
Capa: Luciana Vieira
Ilustrações: Anderson Nishimura
Projeto Gráfico: Vinícius Amarante
Revisão: Janaína Marques Steinhoff

@editoracemporcentocristao
@editoracemporcentocristao

Editora 100% Cristão
Rua Dionísio de Camargo, 106, Centro - Osasco/SP - CEP: 06086-100
contato@editoracemporcento.com.br
(11) 4379-1226 | 4379-1246 | 98747-0121

www.editoracemporcento.com.br

Introdução

Sumário

A força da simplicidade

Por Reinaldo José Lopes

Sou apaixonado pelas obras de J.R.R. Tolkien já faz quase um quarto de século, e o contato com elas tem sido um presente de Deus em todos os sentidos. Além de ser uma fonte constante de deleite e esperança, o amor pelos livros me colocou em contato com algumas das pessoas mais incríveis que conheci na vida. O Rafael certamente é uma delas, e ainda me recordo com carinho das primeiras vezes que conversamos. O canal dele no YouTube ainda estava começando e, ao mesmo tempo, eu estava iniciando minha jornada como tradutor de algumas das obras de Tolkien no Brasil, com o anúncio de que eu ficaria responsável pela nova versão de *O Silmarillion*. Começamos essa jornada juntos, em muitos sentidos.

Quase cinco anos depois, é uma satisfação imensa ver como meu amigo Bolseiro se tornou uma voz bem informada e respeitada entre as pessoas que divulgam o trabalho do Professor no nosso país. Enxergo no trabalho dele, em primeiro lugar, uma absoluta preocupação em transmitir informações com a máxima correção e precisão. Não foram poucos os áudios de WhatsApp que trocamos sobre a pronúncia exata de nomes e frases nos idiomas criados para a mitologia tolkieniana – a oração do Pai Nosso no idioma alto-élfico, presente neste livro, é um dos melhores exemplos.

Ao mesmo tempo, juntamente com o Vinicius A. Miranda, eles souberam combinar essa obsessão pela precisão com o que eu gostaria de descrever como a força da simplicidade. É o que o leitor poderá descobrir nestas páginas. Essa é outra qualidade muito cara ao meu coração porque, além de tradutor, eu sou principalmente jornalista especializado em divulgação científica, e a outra paixão da minha vida profissional é justamente mostrar para as pessoas que é possível compreender a essência do pensamento científico de forma simples, dialogando com todas as pessoas, sem deixar ninguém de fora. É um prazer ver como os autores conseguiram fazer isso com a complexidade da obra de Tolkien também.

E é mais importante ainda ser capaz de fazer isso desfazendo preconceitos e ajudando as pessoas a usar a beleza da narrativa tolkieniana como uma nova porta, uma nova visão, da riqueza do Evangelho e do amor de Deus. Como o próprio Tolkien escreveu, o Evangelho é a maior e mais bela das estórias de fadas: aquela na qual o Criador se tornou o autor e incorporou todas as maravilhas da imaginação que Ele nos concedeu, em tantas estórias que contamos desde que nos tornamos seres humanos e filhos dEle, no mundo real.

Da Criação do mundo, à Queda, ao sacrifício de Jesus, chegando até ao momento final da história do Universo no qual, pelo amor do Deus que se fez Homem, todos seremos curados, Tolkien espelha essa beleza em seu mundo inventado. Que este livro ajude a todos aqueles que se abrirem a enxergar essa luz e esperança.

Nai Anar caluva tielyanna! Que o Sol possa brilhar no seu caminho!

Reinaldo José Lopes: *Jornalista especializado em divulgação científica da Folha de S.Paulo, com mestrado e doutorado sobre teoria da tradução e a obra de J.R.R. Tolkien na FFLCH-USP. Autor de dez livros e tradutor de sete obras de Tolkien (duas delas ainda inéditas no Brasil). Membro fundador do site Valinor.*

Minha Jornada à Terra-média

Por Rafael Soares

O primeiro filme de *O Senhor dos Anéis* foi lançado no Brasil em 01 de janeiro de 2002, e, assim como aconteceu com milhões de pessoas, o filme também despertou minha atenção. Nessa época, eu tinha 12 para 13 anos, não conhecia os livros, estava apenas começando a descobrir esse Universo Fantástico.

Depois de assistir aos dois primeiros filmes (*A Sociedade do Anel* e *As Duas Torres*), meus amigos e eu gostávamos de conversar sobre essas obras em sala de aula. Como fazíamos isso com bastante frequência, de alguma forma, essas conversas foram descobertas por nosso professor de português, Edson, que nos deu aula em 2003[1]. Para nossa surpresa, ele era um grande fã de Tolkien e suas obras, tendo lido diversas vezes muitos de seus livros. Foi ele quem me apresentou aqueles livros tão fantásticos, repletos de detalhes que não estavam nos filmes.

Foi, então, que ele me perguntou se eu queria emprestado o livro *O Senhor dos Anéis* e eu, claro, aceitei na hora. Na aula seguinte, ele trouxe o volume único muito conhecido, com a capa do Gandalf.[2] Era uma edição mais grossa do que a Bíblia, com mais de 1.200 páginas. Confesso que fiquei surpreso, mas a sede por saber mais sobre aquele Universo era tão grande que aquele volume imenso ainda seria muito pouco para saciá-la.

Depois de alguns meses, concluí a leitura. Do livro *As Duas Torres* para frente foi bem difícil, mas não desisti. Devolvi o livro e perguntei: "Qual é o próximo que você pode me emprestar?"

Se não me engano, meu professor tinha *O Silmarillion* (que faz parte deste Universo) e outros contos de Tolkien. Ele queria que eu lesse *O Hobbit* (que deveria ser o primeiro da lista, antes de *O Senhor dos Anéis*), mas ele só o tinha em seu computador, em arquivo *.pdf* e em espanhol. Concordamos que valeria a pena tentar a leitura em espanhol. Na próxima aula, o professor trouxe um disquete (eu sei, muitos hoje não sabem o que é isso) com o *.pdf* de *O Hobbit*. Descarreguei o arquivo em meu computador e comecei a leitura. Foi bem difícil, mas consegui concluir.

No final deste mesmo ano (2003), foi lançado o filme *O Retorno do Rei* com a duração de 3h21. Pode parecer um filme até longo para você, mas foi pouco para mim,

1. Estávamos na sétima série do Ensino Fundamental (hoje é Fundamental II)
2. Edição lançada pela Editora Martins Fontes em 2001.

pois agora conhecia cada detalhe daquele volume.

A trilogia foi um sucesso no mundo inteiro, rendendo quase 3 bilhões de dólares[3] e 17 estatuetas no Oscar, com menção honrosa para *O Retorno do Rei*, um dos três filmes que mais ganhou premiações na história do cinema (11 estatuetas).

Lembro-me de quando *A Sociedade do Anel* saiu nas locadoras. Fiz duas locações de uma única vez, o que me daria direito a quase uma semana com as fitas de VHS (sim, DVDs e Blu-Rays não estavam disponíveis ainda, pelo menos não em minha cidade). Neste período, assisti 12 vezes ao mesmo filme. Algo parecido aconteceu com *As Duas Torres* e *O Retorno do Rei*, mas parei de contabilizar.

Daí para frente, comprei os livros e os reli algumas vezes, sempre, porém, como forma de entretenimento. Claro que, devido às leituras repetidas, comecei a decorar e a "manjar" deste Universo. Como um bom *nerd* (que geralmente gosta de tecnologia), comecei a cursar Sistemas de Informação, em 2008[4].

Até este momento, era católico[5] e de família católica. Somente em 2009, converti-me ao Protestantismo, mais especificamente a uma Igreja Batista. A partir de então, muitas coisas foram deixadas de lado (inclusive Tolkien), pois, naquela época, essas coisas eram todas do diabo...

Nos anos seguintes, foquei minhas atenções no Seminário Batista[6] local e na banda de rock cristão da qual sou vocalista e guitarrista, chamada *Depois de Cristo*. Com o tempo e a maturidade, fui percebendo que o diabo estava "levando o crédito" por muitas coisas aparentemente boas. Por isso, comecei a fazer muitas redescobertas, sendo esta uma das mais importantes: Tolkien era cristão!

Isso foi por volta de 2015, quando comecei a reler e a comprar outros livros de Tolkien. Como a vontade de interagir com pessoas que curtiam esse universo era grande, comecei, então, uma busca bem-sucedida por grupos sobre Tolkien nas redes sociais.

Desde o começo do *YouTube*, sempre consumi e produzi conteúdo (clipes de música) para essa plataforma e assistia canais sobre cultura nerd/geek, como o canal *Jovem Nerd, Nostalgia, Ei Nerd, Omelete, Haru* etc. Admirava a qualidade dos vídeos e a abordagem dos apresentadores. Descobri vários canais com conteúdo sobre a cultura pop, especializados em um único assunto, como *Observatório Potter, Patrono Net, Caldeirão Furado* e *Expresso de Hogwarts*[7], mas notei que não existiam muitos canais específicos sobre *O Senhor dos Anéis* ou Tolkien (encontrei apenas uns dois, muito bons e bem detalhados, mas que não tinham o formato e a mesma abordagem que eu admirava nos canais que consumia). Continuei minha busca, que acabou se tornando vã, até que tive uma ideia: "faça você mesmo um canal sobre *O Senhor dos Anéis* e Tolkien!".

3. Segundo o site Box Office Mojo.
4. Na época, isso era coisa de nerd.
5. Chegando até a Crisma.
6. Seminário de Liderança Pastoral (Igreja Batista Água Viva, Sistema Vinha de Ensino)
7. Canais especializados em Harry Potter.

Decidi, então, começar o projeto para abertura de um canal específico sobre o Universo Tolkien no final de 2016. Usei como referência todos aqueles canais nerds/geeks, montei um roteiro com abertura e fechamento temáticos com frases extraídas dos livros e filmes desse Universo. Minha entrada acontecia quando removia o *Um Anel*, e minha saída quando usava o *Um Anel*. Tudo bem planejado, inclusive a vinheta e o nome do canal. Demorei um bom tempo pensando em qual seria este nome... Cheguei até a criar algumas contas para reservar o e-mail, até que minha esposa sugeriu: *O Bolseiro* (como não pensei nisso antes?!).

Somente em maio de 2017, estreei o canal e iniciei as atividades, lançando o primeiro vídeo em junho do mesmo ano. Desde então, produzo conteúdo semanalmente e o canal vem a cada dia crescendo e me proporcionando experiências fantásticas, como ser chamado para palestrar em eventos geeks cristãos e participar/palestrar em lançamentos dos livros pela editora oficial de Tolkien aqui no Brasil[8], incluindo eventos como a Bienal do Livro. Também fui convidado pela *Amazon* para assistir algumas cenas da série *O Senhor dos Anéis: Os Anéis de Poder* quatro meses antes de seu lançamento, experiência que aconteceu em Londres e Oxford (onde J.R.R. Tolkien passou a maior parte de sua vida). Foi uma jornada inesperada! Isso sem contar as muitas parcerias e amizades que comecei.

Comentei, inclusive, com um desses amigos, Prof. Dr. Diego Klautau[9], que gostaria de voltar-me novamente para assuntos teológicos, com foco em Literatura Fantástica e Religião e Cultura. Como geralmente sou encarregado de expor o cristianismo na vida e obra de Tolkien nas palestras em que fui e sou convidado, o Prof. Diego me indicou o GPPRA[10] na PUC Minas, liderado pelo Prof. Dr. Carlos Caldas[11], do qual faço parte até hoje. E, em 2021, comecei a cursar duas disciplinas isoladas no Programa de Pós-Graduação em Ciências da Religião da PUC Minas. As disciplinas são *Perspectivas Escatológicas na História* e *Artes* e *Religião e Linguagem*, sendo que nas duas ocasiões escrevi o trabalho de fim de curso com tema relacionado ao universo tolkieniano e apresentei uma comunicação sobre *Escatologia Bíblica na Mitologia de J.R.R. Tolkien*, no III Colóquio do GPPRA na PUC Minas.

Foram muitas coisas especiais. E agora, adivinhem? Este livro!

O projeto começou lá em março de 2019, quando recebi uma ligação do Sinval (Diretor da Editora 100% Cristão), fazendo-me um convite para escrever um livro sobre *O Senhor dos Anéis* e o Cristianismo.

8. *Harper Collins Brasil.*

9. *Professor do Colégio Catamarã. Possui Mestrado, Doutorado e Pós-doutorado em Ciências da Religião pela PUC de São Paulo e Pós-Doutorado em Ciências da Religião pela PUC Minas. Além de muitos artigos, é o autor do livro Metafísica da Subcriação: A filosofia do mito em J.R.R. Tolkien.*

10. *Grupo de Pesquisa sobre Protestantismo, Religião e Arte.*

11. *Professor da PUC Minas, em seu Programa de Pós-Graduação Stricto Sensu em Ciências da Religião. Possui Doutorado em Ciências da Religião pela Universidade Metodista e Pós-doutorado na FAJE. Além de muitos artigos e livros, foi o tradutor de cinco livros de C.S. Lewis pela editora Thomas Nelson Brasil.*

Como, porém, escrever um livro? Como colocar as ideias no papel? Qual seria o diferencial de minha obra? Foi aí que lembrei de um amigo, Vinicius A. Miranda, do canal *Filosofia com Pipoca*. Ele apresenta vídeos que trazem lições morais e espirituais sobre temas da Cultura Pop. Ele já tem diversos livros publicados pela Editora 100% Cristão, como *Fé com Pipoca: Cristianismo na Cultura Pop*, *O Outro nome de Aslam: A Simbologia Bíblica nas Crônicas de Nárnia* e *101 Lições Espirituais na Cultura Pop*. Assim, comentei com ele a ideia de lançar um livro que demonstrasse as lições espirituais que eu já havia percebido neste Universo. Como ele também já tinha uma ideia semelhante, unimos nossos esforços em prol de um bem comum: ajudar mais pessoas a entenderem que existem princípios e valores cristãos em *O Senhor dos Anéis*! Por isso, convido você a se aventurar conosco por este Universo Fantástico e conhecer verdadeiras lições de poder!!

Terra Média

O Senhor dos Anéis é do diabo?

Durante muito tempo, ouvi que *O Senhor dos Anéis* era do diabo, assim como *O Hobbit*, Tolkien, Gandalf, Frodo, enfim, toda a Terra-média... infelizmente, é possível que escutemos isto ainda hoje. Até você talvez já tenha ouvido estas afirmações (mesmo vivendo em um mundo com tanta informação)! É triste ver pessoas dando crédito de tanta coisa boa ao Inimigo.

Existe uma certa ignorância de muitas pessoas religiosas e essa falta de conhecimento gera um julgamento equivocado, mais conhecido como um tipo de "pré" conceito. Muitos abandonaram a leitura desses livros e deixaram de assistir aos filmes por causa da imposição de pessoas próximas ou por pura ignorância (sim, sei que essa palavra é forte, por isso a usamos duas vezes de forma proposital, pois "ignorância" significa aquele que não tem conhecimento de algo, faltam-lhe experiências, não está a par da existência ou ocorrência de algo).

Por isso, a primeira forma de responder à pergunta que norteia este capítulo é lembrar que J.R.R. Tolkien, autor de *O Senhor dos Anéis*, era cristão, de origem protestante! A família de sua mãe (os Suffield) era metodista, a de seu pai (os Tolkien) era batista, e, nas duas famílias, alguns outros membros eram anglicanos[12].

Sua mãe acabou se convertendo ao catolicismo, criando Tolkien e seu irmão dentro da doutrina católica, com o auxílio do padre Francis Xavier Morgan, pois seu pai havia falecido quando ele tinha apenas quatro anos de idade. E, quando tinha 12 anos, sua mãe também acabou falecendo, porém, antes de morrer, designou o padre Francis como tutor de seus dois filhos, que continuou sustentando-os e educando-os nos princípios da Bíblia e da fé cristã. Até o final de sua vida, Tolkien manteve-se firme em sua fé e procurando praticar os princípios do cristianismo. Naturalmente, sua vida cristã foi em algum nível refletida em sua obra.

Além de seus livros e trabalhos acadêmicos, Tolkien contribuiu com a tradução e a lexicografia[13] de uma das mais belas e fiéis versões da Bíblia, a *Bíblia de Jerusalém*, ficando responsável pela tradução do livro de Jonas[14].

Já como uma segunda forma de responder se "*O Senhor dos Anéis* ou Tolkien são do diabo", mencionaremos uma importante amizade que ele tinha: Tolkien era um grande amigo de C.S. Lewis e um dos responsáveis, senão "o" responsável por sua conversão

12. CARPENTER, H. J.R.R. Tolkien: Uma Biografia. Rio de Janeiro: Harper Collins Brasil, 2018, p. 38.
13. Elaboração de dicionários, vocabulários e afins.
14. CARPENTER, H. J.R.R. Tolkien: Uma Biografia. Rio de Janeiro: Harper Collins Brasil, 2018, p. 371.

ao cristianismo. Talvez você não saiba, mas C.S. Lewis é conhecido no meio teológico como o Paulo do século XX, o principal apologeta[15] do cristianismo. Lewis foi o autor de vários títulos cristãos, como *Cristianismo Puro e Simples*, *O Peso da Glória*, *A Abolição do Homem*, entre outros, e, de forma especial, uma obra que se utilizava da ficção de sua época para explicar significados espirituais e religiosos profundos para crianças: *As Crônicas de Nárnia*[16].

Mas, antes de ser um teólogo popular, Lewis não acreditava mais em Deus. Até que um dia conheceu o nosso querido Tolkien. Lewis foi influenciado e evangelizado por ele durante uma caminhada na Universidade de Oxford[17]. Tolkien utilizou-se dos mitos para explicar o Evangelho ao seu amigo:

> Mas, disse Lewis, "mitos são mentiras, mesmo que sejam mentiras envoltas em prata". "Não", disse Tolkien, "não são." [...]Viemos de Deus e inevitavelmente os mitos que tecemos, apesar de conterem erros, refletem também um fragmento da verdadeira luz, da verdade eterna que está com Deus. De fato, apenas ao criar mitos, ao se tornar 'subcriador' e inventar histórias, é que o Homem pode se aproximar do estado de perfeição que conhecia antes da Queda. Nossos mitos podem ser mal orientados, mas se dirigem, ainda que vacilantes, para o porto verdadeiro[...]" "Quer dizer", perguntou Lewis, "que a história de Cristo é simplesmente um mito verdadeiro, um mito que nos afeta da mesma forma que os outros, mas um mito que realmente aconteceu? Nesse caso, começo a compreender"[18].

Em virtude dessa experiência, Lewis retomou a fé e a doutrina de seus pais na Igreja Anglicana e tornou-se um grande nome no mundo cristão. Como explica o livro *Sobre Histórias:* "Tolkien foi um dos portadores humanos da fé para Lewis"[19]. Uma curiosidade sobre a amizade deles é que Lewis chegou até a dedicar um de seus livros à Tolkien: *Cartas de um diabo a seu aprendiz*[20]. Tolkien, por sua vez, também homenageou o amigo, já que o personagem Barbárvore, em *O Senhor dos Anéis*, tem a voz e o modo de falar baseados em Lewis[21].

A terceira forma de contra-argumentar é que o próprio Tolkien declarou que *O Senhor dos Anéis* é uma obra cristã, mais especificamente religiosa e católica, inconscientemente no início, mas conscientemente na revisão[22]. Tolkien bebeu de muitas

15. Aquele que faz apologia, que é a defesa da fé cristã com argumentos lógicos e bem fundamentados.
16. Para conhecer mais sobre essas simbologias, indicamos o livro "O Outro nome de Aslam: A Simbologia Bíblica nas Crônicas de Nárnia".
17. Onde os dois eram professores.
18. CARPENTER, H. J.R.R. Tolkien: Uma Biografia. Rio de Janeiro: Harper Collins Brasil, 2018, p. 202 e 203.
19. LEWIS, C. S. Sobre Histórias. Rio de Janeiro: Thomas Nelson Brasil, 2018, p. 18.
20. Título lançado pelo Thomas Nelson Brasil.
21. CARPENTER, H. J.R.R. Tolkien: Uma Biografia. Rio de Janeiro: Harper Collins Brasil, 2018, p. 266.
22. CARPENTER, H. As cartas de J.R.R. Tolkien. Curitiba: Arte e Letra, 2006, p. 167.

fontes para escrever *O Senhor dos Anéis*; ele gostava muito de mitos, lendas, línguas, história, mas a Bíblia Sagrada foi claramente uma influência muito forte em sua obra. Smith mesmo afirma sobre isso:

> "Isso não é por acaso. Tolkien foi, desde a infância, um cristão devoto. Ele acreditava que suas histórias sobre a Terra-média eram, em algum nível, essencialmente verdadeiras. Tinha certeza de estar mais descobrindo do que inventando alguma coisa. Não estou sugerindo aqui que ele tenha sido inspirado, no sentido bíblico da palavra, mas realmente creio que Deus tem uma mão na criação dessa obra, trabalhando através das situações da vida de Tolkien, falando-lhe por meio de intuição, enchendo-o de sabedoria para compreender a complexidade do plano por trás da história contínua chamada Criação"[23].

Por causa desta influência bíblica, existem muitos princípios, virtudes e valores cristãos inseridos em *O Senhor dos Anéis* e nas demais obras de Tolkien. Abordaremos isso nas próximas páginas desta obra, mas, como "introdução", vemos nitidamente o Amor, a Amizade, o Sacrifício pelo próximo, a Humildade, Santidade e muitas outras coisas boas em *O Senhor dos Anéis*.

Também encontramos aplicabilidade em muitas situações, lugares e pessoas. É possível, por exemplo, enxergar os três ofícios de Cristo[24]: Profeta, Sacerdote e Rei em três personagens. Cristo como Profeta, aplicável a Gandalf, que foi enviado para aconselhar, influenciar e encorajar os povos, com sabedoria e mensagens vindas de Deus. Cristo como Sacerdote, aplicável a Frodo, que carrega um fardo, se sacrifica, se entrega para salvar a humanidade. Cristo como Rei, aplicável a Aragorn, que é da linhagem real, mas esquecido, vivendo como um andarilho, humilde, ajudando e encaminhando os outros para o bem. No tempo devido, porém, é honrado e levantado como Rei, assim como profetizado que o sem-coroa haveria de reinar, dando título ao terceiro livro: *O Retorno do Rei*.

Contudo, talvez você esteja pensando: "Ah, mas existem muitas figuras diabólicas no *Senhor dos Anéis*, como Balrog, Sauron ou os orques". Sim, é verdade! Mas não se esqueça de que a Bíblia também menciona um exército das trevas, comandado por Satanás e seus demônios (que são anjos caídos). A presença de figuras diabólicas em uma obra não a torna uma defensora do mal. Nem *O Senhor dos Anéis* e muito menos a Bíblia fazem apologia à maldade, muito pelo contrário! Essas obras não incentivam a prática do mal, mas sim o seu combate!

E o mago Gandalf? Ele é um personagem "do bem" e é um mago. Sim, acertou de novo! Mas convenhamos: se o problema é a palavra "mago", o que dizer dos "magos" da Bíblia[25]? Eles foram guiados pelo próprio Deus para adorar ao bebê Jesus e prestaram adoração, culto e ofertas a Ele. Depois ainda foram advertidos a não voltarem a Herodes, indicando a localização do Menino. Quem de nós já teve uma revelação divina

23. SMITH, M. *O Senhor dos Anéis e a Bíblia*. São Paulo: Mundo Cristão, 2002, p. 12.
24. Observados e desenvolvidos no livro *O Messias vem à Terra-média*.
25. Veja mais informações sobre eles em Mateus 2.

como esses magos? Lembre-se: eles eram magos! Mesmo não tendo poderes (ou fazendo uso de magia), tinham uma habilidade de comunicação especial com o sobrenatural. Por fim, é importante mencionar que a palavra "magos" do inglês *wizards* (língua em que foi escrito originalmente *O Senhor dos Anéis*), significa "sábios" ou, até mesmo, "filósofos".

E por que ler *O Senhor dos Anéis* ou outras obras de Tolkien? Seria como um "escapismo" ou uma fuga da realidade? Ler para entrar em outro universo paralelo e fugir das nossas dificuldades e problemas? Não! Muito pelo contrário! Este tipo de leitura pode nos encorajar e até nos incentivar a nos esforçarmos mais, darmos nosso melhor e, até mesmo, nos sacrificarmos para vencer! Como diria Smith:

> "Embora aquela obra jamais possa suplantar a Palavra de Deus, pode fazer sua parte em ilustrá-la, de modo que vejamos novamente, a partir de uma nova perspectiva, as mesmas verdades eternas e essenciais[26]."

Encontramos na história de *O Senhor dos Anéis* um pequeno *hobbit*, de um povo ignorado pelo restante da humanidade, tendo mais força e coragem do que os grandes e poderosos. Enxergamos em Frodo o incentivo para continuarmos a caminhada, mesmo que, aos olhos humanos, não sejamos capazes. Já em Sam, percebemos a fidelidade, amizade e o amor que tinha por Frodo, que os tornava mais fortes do que a força das trevas. Esses são apenas exemplos de valores que desenvolveremos mais à frente. Mas não há como mencionar toda essa trama e não lembrar dos versos de 1 Coríntios 1:27-28:

> "Mas Deus escolheu o que para o mundo é loucura para envergonhar os sábios e escolheu o que para o mundo é fraqueza para envergonhar o que é forte. Ele escolheu o que para o mundo é insignificante, desprezado e o que nada é, para reduzir a nada o que é...[27]"

O Senhor dos Anéis não é do diabo, muito menos seu autor. Precisamos parar de dar créditos a quem não pode criar e nem subcriar nada.

Assista o vídeo:
"O Senhor dos Anéis é do diabo?!"

26. SMITH, M. *O Senhor dos Anéis e a Bíblia*. São Paulo: Mundo Cristão, 2002, p. 13.
27. 1 Coríntios 1:27-28, Bíblia NVI..

O Reino Perdido
de Arnor
Condado

Tolkien e o Cristianismo

John Ronald Reuel Tolkien foi um premiado escritor, professor universitário e filólogo britânico[28]. É mundialmente conhecido por ter escrito *O Senhor dos Anéis*, *O Hobbit* e muitos outros livros de fantasia.

Ele nasceu em 3 de janeiro de 1892 em Bloemfontein, na República do Estado Livre de Orange, na atual África do Sul, onde seu pai, Arthur Tolkien, gerenciava o *Bank of Africa*. Aos 3 anos de idade, com a sua mãe, Mabel Suffield, e irmão, ele foi para a Inglaterra, terra natal de seus pais, para visitar os familiares. Nesse ínterim, Arthur ficou na África e, pouco depois que o filho completou 4 anos, faleceu[29] nesse mesmo país.

A morte de seu pai causou uma reviravolta na vida de Tolkien, sua mãe e irmão. Eles chegaram até a precisar de ajuda financeira dos familiares. Mabel conseguiu alimentar e vestir os meninos com a pequena renda que tinha, complementada de vez em quando por contribuições das famílias Tolkien ou Suffield[30]. Com tantas dificuldades, o cristianismo desempenhava um papel cada vez mais importante na vida de Mabel, que todos os domingos levava os filhos até uma Igreja Anglicana[31]. As duas partes da família de Tolkien eram protestantes, o pai de Mabel, John Suffield, fora educado em uma escola metodista e os Tolkien eram batistas. Nas duas famílias haviam alguns representantes anglicanos[32].

Em certo domingo, porém, Tolkien e seu irmão perceberam que a mãe os levava para um lugar diferente: a Igreja de Sant'Ana, uma igreja católica romana. Não se sabe ao certo o que levou Mabel a esta mudança, mas, imediatamente, a ira da família caiu sobre ela. Para seu pai, era um ultraje que a filha se tornasse papista. E os Tolkien se opunham fortemente ao catolicismo. Como resultado da conversão de Mabel, além da rejeição familiar, a ajuda financeira foi cortada, e sua saúde foi atingida, mas nada abalaria sua lealdade à nova fé e, apesar de toda a oposição, começou a instruir John Ronald (o "nosso" Tolkien) e seu irmão na religião católica.

Depois de algumas mudanças de endereços e buscas, Mabel descobriu o Oratório de Birmingham, uma grande igreja administrada por uma comunidade de sacerdotes, onde encontraria um amigo e confessor compreensivo. O Oratório de Birmingham fora fundado em 1849 por John Henry Newman[33], um sacerdote anglicano que se converteu à fé católica. Ele passou quatro décadas de sua vida edificando o Oratório e lá morrera em 1890. Newman

28. *Filologia: Estudo da Linguagem.*
29. *Arthur Tolkien faleceu em fevereiro de 1896, dias antes de completar 40 anos de idade.*
30. *Tolkien (família do pai) e Suffield (família da mãe) de J.R.R. Tolkien.*
31. *O anglicanismo é um ramo do protestantismo que surgiu da ruptura britânica com a Igreja Católica.*
32. *CARPENTER, H. J.R.R. Tolkien: Uma Biografia. Rio de Janeiro: Harper Collins Brasil, 2018, p. 38.*
33. *John Henry Newman foi nomeado cardeal em 1879, beatificado em 2010 e posteriormente canonizado em 2019 pelo Papa Francisco.*

certamente levou muito da influência anglicana para o catolicismo, reformulando o pensamento católico da época, também sendo chamado de modernista e amigo dos protestantes.

Quando Mabel chegou à comunidade, o padre Francis Xavier Morgan acabara de assumir o cargo de pároco[34] e foi visitá-los. O padre foi amigo e discípulo de Newman e se tornou não apenas um excelente sacerdote, mas também um valioso amigo da família, que os ajudou da melhor forma possível, financeiramente, espiritualmente e emocionalmente. Assim, Tolkien e seu irmão foram educados na religião católica.

Em abril de 1904, Mabel fora diagnosticada com diabetes, doença até então sem tratamento disponível com insulina, restando-lhe submeter-se a um repouso e longa recuperação. O padre Francis Morgan ajudou-os muito, levando a família para um pequeno chalé da Igreja, onde moravam o carteiro local e sua esposa, que lhes cederam um dormitório e uma sala de estar, além de cozinhar para eles. Foi o ambiente ideal para a recuperação, além de oferecer-lhes o contato benéfico com o ar do campo[35].

Porém, em pouco tempo, Mabel entrou em coma diabético e, seis dias depois, tendo ao seu lado o padre Francis e sua irmã, veio a falecer[36]. Tolkien tinha apenas 12 anos de idade. Nove anos depois ele escreveria:

> "Minha querida mãe foi de fato uma mártir, e não é a qualquer um que Deus concede um acesso tão fácil às suas grandes dádivas como concedeu a Hilary e a mim, dando-nos uma mãe que se matou de trabalho e preocupação para assegurar que mantivéssemos a fé.[37]"

Em seu testamento, Mabel designara o padre Francis Morgan como tutor dos dois filhos. Morgan continuou ajudando os meninos, provendo-lhes moradia e educação. A religião proporcionou a Tolkien não apenas consolo espiritual, mas também emocional.

Tolkien estudou na Universidade de Oxford e, após se formar, a Primeira Guerra Mundial começou. Então, em 1916, embarcou para a França, na Batalha do Somme[38]. Durante sua passagem na Grande Guerra, começou a escrever sua mitologia. Pouco tempo depois, embarcou de volta para casa, acometido de febre das trincheiras[39]. Daí para frente, começou sua carreira acadêmica, como professor de Língua Inglesa na Universidade de Leeds. Depois tornou-se professor na Universidade de Oxford, lecionando Anglo-Saxão, Inglês e Literatura Inglesa, trabalhando ali por mais de 30 anos até se aposentar.

E foi em Oxford que conheceu C.S. Lewis (autor de *As Crônicas de Nárnia* e muitos outros livros cristãos, citados no capítulo anterior), que se tornaria um grande amigo.

34. Padre responsável por uma paróquia.

35. O cardeal Newman construíra uma modesta casa de campo que servia de retiro para o clero do Oratório e no limite de suas terras havia um pequeno chalé.

36. Em novembro de 1904, ela faleceu aos 34 anos de idade.

37. CARPENTER, H. J.R.R. Tolkien: Uma Biografia. Rio de Janeiro: Harper Collins Brasil, 2018, p. 47.

38. Mesma batalha que Adolf Hitler lutou, no lado oposto pela Alemanha, e também sobreviveu.

39. "Transmitida por piolhos, causava elevação de temperatura e outros sintomas febris, e milhares de homens já haviam dado baixa por causa desse mal." CARPENTER, H. J.R.R. Tolkien: Uma Biografia. Rio de Janeiro: Harper Collins Brasil, 2018, p. 122.

> "A dívida impagável que devo a ele não foi 'influência' como se compreende normalmente, mas sim puro encorajamento. Por muito tempo, ele foi minha única plateia. Foi só por ele que cheguei a ter a ideia de que minhas 'coisas' poderiam ser mais do que um passatempo pessoal. Não fossem seu interesse e avidez incessante por mais, eu jamais teria levado *O Senhor dos Anéis* a uma conclusão.[40]"

Além da amizade com Lewis, Tolkien sempre foi muito chegado a grupos e clubes de amigos. No colégio e faculdade, fez parte do clube T.C.B.S[41]. com os melhores amigos (quatro principais, com Tolkien), que se reuniam constantemente para estudo, leitura e comunhão. O clube durou até a Primeira Guerra Mundial, da qual todos participaram, mas que somente Tolkien e Christopher Wiseman retornaram. Essa amizade era tão forte que Tolkien deu a um filho o nome de Christopher[42].

Mais tarde, quando professor, fez parte do clube Inklings, que contava com a presença de C.S. Lewis e outros amigos protestantes. Esse clube foi muito importante para Tolkien. Lá ele compartilhava suas obras enquanto ainda as criava, recebia críticas e incentivos de seus amigos e, claro, assuntos teológicos eram abordados. Foi nos encontros dos Inklings que Tolkien leu para seus amigos os manuscritos ainda inéditos de *O Hobbit* e, posteriormente, de *O Senhor dos Anéis*, onde recebeu suas primeiras críticas.

Faziam parte dos Inklings, além Lewis, anglicanos/protestantes como Warren Lewis (irmão de C.S. Lewis), Charles Williams (renomado teólogo), Adam Fox (Reitor de Divindade em Oxford), Hugo Dyson (anglicano que, posteriormente, se converteu ao catolicismo), entre outros. Podemos concluir que Tolkien era amigo dos protestantes, assim como o Cardeal Newman fora chamado.

Além de ser "conservador", um católico devoto e um cristão influente, Tolkien teve suas contribuições diretas e indiretas sobre o cristianismo. Temos pelo menos duas dessas contribuições explícitas: uma já foi citada no capítulo anterior (a sua tradução do livro de Jonas, na Bíblia de Jerusalém) e a outra, a tradução de um manuscrito do livro de Êxodo[43], em anglo-saxão[44], para o inglês moderno.

Tolkien também transcreveu algumas orações famosas para o élfico, idioma presente em sua mitologia, mais especificamente em Quenya[45]. As principais foram: Átaremma (Pai Nosso), Aia María (Ave Maria), Alcar i Ataren (Glória ao Pai).

40. DURIEZ, C. J.R.R. Tolkien & C.S. Lewis: O dom da amizade. Rio de Janeiro: Harper Collins Brasil, 2018, p. 254.
41. T.C.B.S. é uma sigla para Tea Club Barrovian Society. As reuniões ocorriam no salão de chá das lojas Barrow, em Birmingham.
42. Christopher Tolkien foi o filho que mais ajudou ao pai em seu Legendário (Universo criado por Tolkien), editando e publicando dezenas de livros desse Universo, após a morte do pai. Christopher que desenhou o Mapa da Terra-média, presente em O Senhor dos Anéis (ainda é possível ver as siglas de seu nome CJRT no mapa presente nos livros).
43. The Old English Exodus – Text, Translation and Commentary by J.R.R. Tolkien.
44. Inglês Antigo.
45. Alto Élfico (uma variação da língua élfica, criada por Tolkien).

Abaixo, separamos a oração do Pai Nosso, ensinado pelo Nosso Senhor Jesus em Mateus 6.9-13:

Átaremma (Pai Nosso)	
Élfico (Quenya)	**Português (NVI)**
Átaremma i ëa han ëa,	Pai nosso, que estás nos céus!
na aire esselya,	Santificado seja o teu nome.
aranielya na tuluva,	Venha o teu Reino;
na kare indómelya	seja feita a tua vontade,
cemende tambe Erumande.	assim na terra como no céu.
Ámen anta síra ilaurëa massamma,	Dá-nos hoje o nosso pão de cada dia.
ar ámen apsene úcaremmar	Perdoa as nossas dívidas,
sív' emme apsenet tien i úcarer emmen.	assim como perdoamos aos nossos devedores.
Álame tulya úsahtienna	E não nos deixes cair em tentação,
mal áme etelehta ulcullo.	mas livra-nos do mal.
Násië.	Amém.

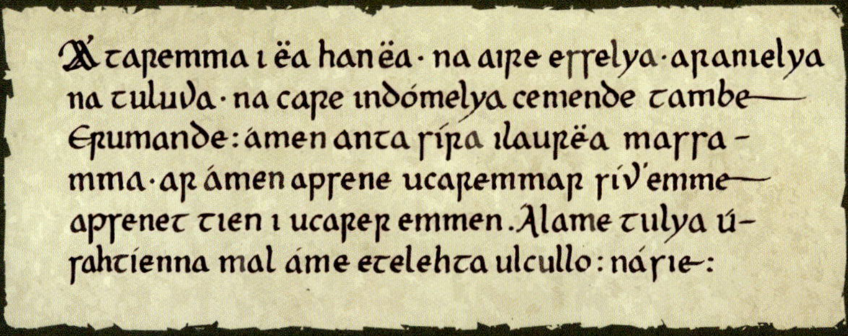

Eduardo Boheme

Por fim, suas contribuições indiretas ao cristianismo se deram através das virtudes, princípios e valores cristãos contidos em suas obras, principalmente em *O Senhor dos Anéis*, que vamos conhecer neste livro.

Assista o vídeo:
Pai Nosso em Élfico

Algumas marcas importantes de

O Senhor dos Anéis

O *Senhor dos Anéis* foi um sucesso não somente na Inglaterra, mas no mundo todo. Editoras de vários países adquiriram os direitos de publicação, não só de *O Senhor dos Anéis*, mas das demais obras de Tolkien. As suas obras foram traduzidas para mais de cinquenta idiomas e hoje contabilizam mais de 200 milhões de cópias[46].

Tolkien teve dezenas de livros publicados, mesmo após a sua morte, em 1973. A sua obra ainda é muito lida e estudada até os dias de hoje, tornando-se a base para a criação de muitos outros materiais de fantasia ou ficção, como *Star Wars*, *Harry Potter*, *Game of Thrones*, etc.

Além de vários prêmios, *O Senhor dos Anéis* também foi eleito, em 1997, o maior livro do século XX, em uma pesquisa de leitores conduzida pelo Canal 4 da Grã-Bretanha e pela rede de livrarias Waterstone.

E, em 1999, *O Senhor dos Anéis* também foi eleito, pela *Amazon.com*, o maior livro do milênio, em uma votação feita por todos os seus clientes no mundo.

Segundo o site *Jamesclear.com*, *O Senhor dos Anéis* é o 3º livro mais vendido de todos os tempos, com mais de 150 milhões de cópias vendidas[47].

Em abril de 2003, *O Senhor dos Anéis* foi eleito o romance mais amado da Inglaterra, em uma pesquisa feita pelo site *The Big Read* da BBC, que pediu que as pessoas indicassem seus livros favoritos.

O livro ganhou algumas adaptações, a mais conhecida é a série de filmes do diretor Peter Jackson, feita para o cinema, ganhadora de 17 Oscars (a trilogia original) das 30 indicações recebidas, e igualando o recorde de vitórias da premiação, com 11 Oscars para *O Retorno do Rei*.

Ao todo, a trilogia recebeu 800 indicações, ganhando 475 prêmios, tornando-se a série de filmes mais premiada da história do cinema.

Alguns dos prêmios conquistados: Prêmio SAG, National Board of Review, BAFTA Film Award, Grammy Award, Chicago Film Critics Association, Dallas-Fort Worth Film Critics Association,

46. Segundo o canal no Twitter especializado, The One Ring, os números de vendas globais atualizados, após 15 anos sem dados, da News Corp, empresa detentora dos direitos de O Senhor dos Anéis, tornaria Tolkien o autor mais vendidos de todos os tempos, com uma soma superior a 600 milhões de livros, ultrapassando Harry Potter.

47. Esse levantamento não leva em consideração a Bíblia Sagrada.

Empire Awards, Florida Film Critics, MTV Movie Awards, People's Choice Awards etc.

Segundo um levantamento divulgado pela Fox Business em 2020, estima-se que a marca *O Senhor dos Anéis* faturou pelo menos 15 bilhões de dólares!

Em 2017, a *Amazon* adquiriu os direitos televisivos de *O Senhor dos Anéis* por 250 milhões de dólares, para produzir a série exibida em seu serviço de streaming *Amazon Prime Video*. A estreia dessa série foi em 02 de Setembro de 2022[48], tendo um orçamento inicial estimado de 1 bilhão de dólares, dos quais já foram gastos US$ 465 milhões, somente na primeira temporada.

48. Data especial no calendário tolkieniano, pois foi o dia do falecimento de J.R.R. Tolkien.

Alegoria X Aplicabilidade

Quando comparamos *O Senhor dos Anéis* com *As Crônicas de Nárnia*, percebemos que as obras foram escritas com ênfases diferentes. Lewis claramente teve o objetivo de fazer um "pré-batismo da imaginação"[49] do seu leitor, visando que, no futuro, ele aceitasse mais facilmente o cristianismo. Lewis chamava sua simbologia bíblica de parábolas, por mais que alguns estudiosos gostem de chamá-las de alegorias[50] ou, até mesmo, paralelismos. Já Tolkien não teve o mesmo objetivo. Ele não criou alegorias ou simbologias bíblicas diretamente. Tanto é que ele mesmo comenta:

> "Espero que "comentário sobre o mundo" não soe solene demais. Não tenho propósito alegórico algum e nenhuma intenção alegórica. Não gosto da alegoria propriamente assim chamada: a maioria dos leitores parece confundi-la com significação ou aplicabilidade, mas essa é uma questão longa demais para ser tratada aqui. Porém, narrativas longas não podem ser criadas do nada; e não se pode rearranjar a questão primária em padrões secundários sem indicar sentimentos e opiniões sobre determinado material.[51]"

Em outro trecho vemos que, inclusive, Tolkien desaprova veementemente o uso de alegorias em seus escritos:

> "Desagrada-me a Alegoria — a alegoria consciente e intencional; todavia, qualquer tentativa de explicar o propósito dos mitos ou dos contos de fadas deve empregar uma linguagem alegórica. (E, é claro, quanto mais "vida" uma história tiver, mais facilmente ela será suscetível a interpretações alegóricas, ao passo que quanto melhor uma alegoria deliberada for feita, mais prontamente ela será aceitável apenas como uma história).[52]"

Ou seja, o que vemos de Cristianismo em *O Senhor dos Anéis* não é o uso de alegorias ou simbolismos, mas, sim, valores morais que claramente são cristãos, tópico que explicaremos no próximo capítulo.

49. *Para entender mais sobre esse assunto, recomendamos a leitura do capítulo 3 do livro O Outro nome de Aslam.*
50. *Modo de expressão onde se representa ideias ou pensamentos de forma figurada.*
51. *CARPENTER, H. As cartas de J.R.R. Tolkien. Curitiba: Arte e Letra, 2006, p. 284.*
52. *CARPENTER, H. As Cartas de J.R.R. Tolkien. Curitiba: Arte e Letra, 2006, p. 143.*

Parte 1
Valores Cristãos em
O Senhor dos Anéis

"O Senhor dos Anéis obviamente é uma obra fundamentalmente religiosa e católica; inconscientemente no início, mas conscientemente na revisão. E por isso que não introduzi, ou suprimi, praticamente todas as referências a qualquer coisa como "religião", a cultos ou práticas, no mundo imaginário. ***Pois o elemento religioso é absorvido na história e no simbolismo.****"*[53]

Como declarado por Tolkien em uma carta ao Padre Robert Murray, *O Senhor dos Anéis* é uma obra fundamentalmente religiosa e cristã. Ou seja, uma obra que tem uma cosmovisão cristã explícita permeando o enredo, exaltando as virtudes e princípios cristãos. Os livros expressam com profundidade e riqueza os valores cristãos, tais como: Amor, Fidelidade, Amizade, Bondade, Mansidão, Humildade, Santidade, Benignidade, Compaixão, Longanimidade, Sabedoria, Esperança, etc.

Por isso, queremos te convidar a extrair alguns dos valores presentes em *O Senhor dos Anéis*, porém, buscando com maior intrepidez e detalhamento o que as Sagradas Escrituras dizem a respeito de cada um.

53. *CARPENTER, H. As cartas de J.R.R. Tolkien. Curitiba: Arte e Letra, 2006, p. 167.*

Amor

Amor! Como usamos esta palavra de forma equivocada, não é mesmo? Muitos dizem que estão amando alguém, mas, depois de cinco dias, dizem que amam outra pessoa...ou ainda dizemos que amamos um carro novo, um videogame ou um sapato de determinada marca... Afinal, "amo a minha namorada, mas também amo pizza!" Sabemos que o Amor é expressado de diversas formas. Infelizmente, em português temos apenas uma palavra para expressar os diferentes tipos de Amor, mas os judeus e os gregos conseguiram dar significado para cada tipo de Amor.

O que é o amor? Assisti uma palestra do jornalista e professor Clóvis de Barros que ajudou-me bastante a entender esse conceito tão complexo. Nós temos o costume de dizer que o amor é um sentimento, certo? Mas isso não ajuda muito... Quando acerta o dedo mindinho na quina da cama, você sente dor. Remetemos a palavra "dor" a "alguma coisa" com muita facilidade. Com a palavra "amor" é mais difícil. A qual sentimento essa palavra corresponde? Você sente seu peito esquentar, um calorão na barriga, um frio, enfim, é mais complicado falar o que sentimos quando amamos.

Qual é o sentimento correspondente ao amor? Dor nos remete à nossa cabeça ou algo físico no corpo. Sabemos o que é dor, calor também, mas amor não sabemos... Por isso, faremos um exercício bem interessante. Veremos o que três grandes pensadores disseram a respeito do amor. Qual será a graça da resposta? Eles não estão de acordo entre eles! Não há uma resposta só. Apresentarei três respostas, de três grandes pensadores, para tentarmos definir o que seria o amor[54]. E, após compreendermos esta definição, ficará bem mais fácil entender por que é tão difícil achar alguém que nos ame de forma completa...

A primeira resposta é de um fulano chamado Platão. Você sabe que ele foi importante, não sabe? Ele é o mais influente pensador de toda a história!

O segundo amor é o de Aristóteles, o pai fundador da ciência, da nossa maneira de entender as coisas do mundo... Já deve ter percebido que ele é importante também.

E, por fim, o terceiro amor é o de Cristo, e nem perderei tempo tentando demonstrar a importância de Cristo, pois, para mim e para muita gente, Ele é Deus e Salvador da humanidade.

Comecemos por Platão, o mais "antigo". Com certeza você já usou ou ouviu a expressão "amor platônico". Então já sabemos a definição de amor de Platão, correto?

54. Lembrando que desses três tipos, temos um quarto tipo, maravilhosamente abordados e ensinados por C.S. Lewis no livro Os Quatro Amores.

Platão define o amor em sua obra mais lida: "*O Banquete*". Neste livro, oito décimos de seu conteúdo são teorias criticadas pelo autor. E apenas um personagem estava certo. Quem? Sócrates. Sócrates aparece no final da obra e sabe qual a definição de amor que ele apresenta? Primeiro que ele não usa a palavra "amor", porém "*eros*", pois escreveu em grego (Eros deu origem ao termo erótico) e é o amor em Platão. O *Eros* seria um amor romântico, o estado emocional da paixão ou o "estar amando" (também se pode estender à atração sexual entre dois indivíduos). Mas, resumidamente, para Platão, eros é desejo. Ponto. Amor é desejo. O que você deseja agora é o que você ama. Desejo uma pamonha? Amor pela pamonha. Ou seja, amor e desejo são a mesma coisa. Você ama na intensidade do desejo: quanto maior o desejo, maior o amor. Quando acaba o desejo, acaba o amor... Vamos nos aprofundar? Venha comigo: se amor é desejo, o que é o desejo? O desejo é a falta. Desejamos o que faz falta, empenhamos nossa energia para buscar o que nos falta. Você sempre deseja ter o que não tem, não é? Deseja ser o que não é. Deseja fazer o que não consegue. O desejo é sempre pelo que falta. Esse é o amor platônico: um amor pelo que você não tem.

Não sei se você percebeu, mas essa definição do amor não é muito "feliz"... Felicidade não é ter o que se deseja? Vou dar uma filosofada agora: "Se eu tenho, eu não desejo, logo, não sou feliz. Se eu não tenho, eu desejo, mas também não sou feliz, porque não tenho o que desejo!" Doido, não é?

É como quando éramos pequenos. Eu desejava muito um videogame (se desejo, amo). O que acontece quando ganho o videogame (ou o item dos sonhos)? Desaparece o desejo. O desejo precisa da falta. Por desaparecer o desejo, desaparece o amor e o videogame vai para um baú de amores já vividos.

Hoje amo o último *iPhone*. Sabe por quê? Porque o desejo. Por quê? Porque não o tenho... E a julgar pelas minhas economias, o amor pelo *iPhone* se manterá vivinho por um bom tempo! Não há nada melhor para se manter viva a chama do amor... Eu desejo o que me falta.

Isso vale para tudo. O princípio é o mesmo. O trabalho, por exemplo, é o objeto de desejo de quem está desempregado. E para quem está empregado? Você deseja o mesmo trabalho? Quando trabalha, você deseja o que lhe faz falta: férias, feriados...

É claro que você já percebeu que se Platão tivesse razão, a vida seria um horror. Só que, infelizmente, fomos adestrados para amar na forma de Platão.

A verdade é que a vida é uma eterna busca pelo que não temos. Buscar o que não temos é o que acontece em todas as áreas de nossa vida. Em todo o processo de educação, por exemplo, uma etapa sempre visa nos preparar para a próxima. A creche quer nos preparar para o Fundamental I. O Fundamental I não quer nos deixar por lá eternamente, e, sim, nos preparar para o Fundamental II. E o Fundamental II quer nos encaminhar para o Ensino Médio, que nos prepara para o vestibular. Na faculdade, somos preparados para o mercado de trabalho, porém, no trabalho, há sempre alguém para nos impulsionar, e sempre queremos crescer. Desta maneira, uma etapa nos prepara para a próxima. Ufa! Mas isso não é vida, correto? É isso que Platão gostaria que entendêssemos... Isso é um saco sem fundo. É esse amor que temos procurado? Esse é o verdadeiro amor? Ou o amor poderia ser algo mais?

Aristóteles disse a Platão que a sua definição de amor era triste. E qual o amor de Aristóteles, se não o amor pelo que falta?

O amor de Aristóteles é o amor pelo que não falta. O primeiro sentimento é o desejo, o segundo sentimento é a alegria. Veja, são sentimentos diferentes. O amor de Aristóteles é alegria na presença. É pelo mundo que já é o seu. É o amor pelo *smartphone* que você já tem. Amor pelo professor que você já tem, não pelo que não é seu... É pelo suco que está tomando, e não por um outro mais gelado... É o amor pelo carro na garagem e não o da concessionária. É uma reconciliação com o mundo como ele é. É dormir com a esposa e gostar de dormir com a esposa. Qual a sua meta? Eu já tenho o que quero. É querer ter quem eu já tenho, eu quero os que já são. E irmãos? Quais são os melhores? Os meus. O amor de Aristóteles é pelos livros que já comprei.

O amor de Aristóteles é alegria. Alegria pelo mundo que já está bem diante de você. O amor de Aristóteles é pelas coisas que já estão na sua mão. É o encantamento com o que já faço.

O que você percebeu até agora? Não fomos preparados para a alegria, fomos preparados para o desejo. No Ensino Médio não ouvimos que era para desfrutar a vida de Ensino Médio! Sempre fomos preparados para o depois! Já o amor de Aristóteles é pela vida enquanto ela acontece. Um amor pelo presente, pelo instante. Seu amor era definido por outra palavra: "*Philia*"[55] (pois também não falava Português), que significa "amizade". O Amor *Philia* seria a mais pura amizade, na qual indivíduos compartilham interesses e companheirismo. Mas, lamentavelmente, não fomos preparados para "*Philia*", fomos preparados para o "*Eros*". Fomos preparados para desejar, sempre desdenhando da alegria e da amizade. Porém Aristóteles propõe um amor por tudo aquilo que nos alegra. Amo escrever. Amo estudar. Amo cantar. Amo pregar. Amo o que faço. Por isso a vida vale muito mais a pena quando amamos o que fazemos. Faça algo que te encante. Seja amigo do que já tem, do que já conquistou, de quem já é. A lição de Aristóteles é: ame o mundo pois o mundo alegra. E aí? Você acha que essa é uma boa definição de amor?

O que é o amor, afinal? Enquanto o amor de Platão é triste, o amor de Aristóteles é alegre. E qual dos dois têm razão? Desejo ou alegria? Amor pelo que não se tem, ou pelo que se tem?

Se acha mesmo que vou dizer quem tem razão, você não entendeu nada... Qualquer um pode escolher um lado... Só que, obviamente, os dois têm razão. Podemos amar

55. Pronuncia-se Filia (a tônica no segundo "I").

o que não temos, assim como podemos amar o que já temos! Mas um não exclui o outro? É simples...

Já viajei um pouco e fiquei alguns dias fora de casa. Amo viajar, mas também amo meus pais. Amo meu quarto! Quando viajo, amo como Platão, pois, depois de alguns dias, não vejo a hora de voltar para casa, eu desejo voltar! Mas, quando chego em casa, percebo que amo como Aristóteles, feliz com o que já tenho. E feliz por ter viajado também! Amei na falta e na presença.

Mas ainda temos um terceiro amor. Um amor maior. Um amor que evoluiu esses conceitos. E esse é o amor de Cristo, o Amor "*Agápe*"[56].

Agápe é algo mais. É o amor que nos ajuda a entender a felicidade. O amor de Cristo nada tem a ver com "*Eros*" e "*Philia*". Por quê? Porque "*Eros*" é um amor, é um desejo centrado no amante. Assim como o "*Philia*" se preocupa com a alegria de quem ama também. Ou seja, ambos são amores egoístas. Ambos se preocupam só consigo mesmos. O amado está ali para satisfazer a um desejo ou para alegrar. O amor de Cristo não é o desejo ou a alegria de quem ama. Por quê? Porque Cristo falava do amor pelo próximo. *Agápe* significa fazer bem, tratar bem, buscar o bem do outro, querer fazer feliz o outro. O próximo! E próximo é todo aquele de quem você se aproxima. Está entendendo? Esse seria o amor mais puro ou divino, que, por isso, também chega a ser traduzido como Caridade.

Se o amor de Cristo é por qualquer um, não pode ser um "desejo", porque você não deseja a qualquer um... O amor de Cristo também não pode ser apenas uma "alegria", porque o amor de Cristo é para qualquer um, e não é qualquer um que te alegra. No amor de Cristo a pegada é outra. Pois essa é a única forma de amor relacionada ao outro. Daria minha própria vida pelo outro.

No amor de Cristo, o que importa é o amado. No amor de Cristo, importa o que sente o amado. No amor de Cristo, o amante fará tudo pelo amado. No amor de Cristo, o amante se esforçará para diminuir a tristeza do amado. No amor de Cristo, abro mão em nome de... O amor tem um total desinteresse e desapego em proveito do outro.

Abrir mão em nome do outro: esse é o verdadeiro amor. Por isso é difícil suprirmos a nossa necessidade de amor, porque, lá no fundo, esperamos encontrar alguém que nos ame com esse Amor "*Agápe*". E quem está disposto a amar assim?

Faremos, então, um paralelo dessas expressões de amor dos personagens de *O Senhor dos Anéis* e da Bíblia. Claro que existem muitas relações e exemplos de personagens, mas nos atentamos àquelas lições que achamos mais interessantes.

56. Eu imagino que você provavelmente ouviu ou viu essa palavra ser escrita de forma diferente: ágape (com o acento no primeiro "A"). Lembro quando estava estudando grego e nosso professor, Dr. Wilson Paroschi, que publicou pela SBB a obra A origem e transmissão do texto do Novo Testamento nos pediu para ler essa palavra em nosso vocabulário. Todos lemos com o acento no primeiro "A": ágape. E ele prontamente nos corrigiu: agápe. E eu mais do que depressa disse: mas todo mundo lê assim, ao que me respondeu: todo mundo lê errado! A verdade é que, de fato, a forma correta de pronunciar a palavra amor agápe é com o acento no segundo "A". E como quero presentear meu professor com essa obra... Acho que você já entendeu =)...

Afeição (Storge)

"A Afeição não considera as barreiras de idade, sexo, classe social e educação. Pode ocorrer entre um jovem inteligente de uma universidade e uma enfermeira de mais idade, embora suas mentes habitem mundos diferentes. Ela ignora inclusive as diferenças entre espécies."[57]

Bilbo Bolseiro e Frodo Bolseiro

Todas essas formas de amor mencionadas acima são explicitamente demonstradas em *O Senhor dos Anéis*. Mas, para nos aprofundarmos ainda mais sobre esse assunto, permita-me usar alguns *insights* de C. S. Lewis, que encontramos em seu livro, *Os Quatro Amores*, para nos ajudar a entender um pouco mais sobre o mais simples, o mais humilde e o mais amplamente difuso dos amores: *Storge*[58]. *Storge*, para os gregos, é a afeição, especialmente na relação de pais e filhos, amigos ou companheiros. O *Storge* é aquele tipo de amor que não se sabe como começou exatamente, pois a impressão é a de que sempre esteve lá. Esse amor é capaz de amar os repulsivos, não é arrogante, não tem muitas expectativas, chegando até a desconsiderar as falhas alheias, abrindo os nossos olhos para a bondade que não víamos antes. O *Storge* amplia a nossa mente para sermos capazes de perceber o outro, ainda que ele não se encaixe em nossas pré-concepções. Esse tipo de amor é muito bem explorado em *O Senhor dos Anéis*, por Bilbo e Frodo Bolseiro.

Frodo era filho dos primos de Bilbo Bolseiro, em primeiro e segundo grau, e era seu primo com o intervalo de uma geração[59]. Então, Bilbo era um primo/tio de Frodo.

Mas, dentre outros Hobbits com o mesmo grau de parentesco, Frodo era o favorito de Bilbo, que o adotou como herdeiro e o trouxe para morar com ele em Bolsão[60], ensinando-lhe o saber dos Elfos e oferecendo-lhe o melhor de sua riqueza. Bilbo amava Frodo como o filho que nunca teve e, Frodo, por sua vez, amava a Bilbo como o pai que perdera aos 12 anos (mesma idade de Tolkien quando perdeu sua mãe), o velho Hobbit lhe era muito querido[61]. Outro fato curioso é que Bilbo e Frodo faziam aniversário no mesmo dia, inclusive, no mesmo mês, 22 de Setembro.

57. LEWIS, C. S. *Os Quatro Amores*. Rio de Janeiro: Thomas Nelson Brasil, 2017, p. 53.
58. Pronuncia-se Storguê (a tônica no "E", como se tivesse um acento circunflexo).
59. TOLKIEN, J.R.R. *A Sociedade do Anel*. Rio de Janeiro: Harper Collins Brasil, 2019, p. 65.
60. A Casa Hobbit, lar de Bilbo Bolseiro.
61. TOLKIEN, J.R.R. *A Sociedade do Anel*. Rio de Janeiro: Harper Collins Brasil, 2019, p. 77.

O Amor (*Storge*) que Frodo sentia por Bilbo era tão grande, que mesmo estando maravilhado pelo Condado, apaixonado por seus bosques, campos, rios e ainda tendo em mãos a recente herança de Bilbo, ofereceu-se para partir com o velho hobbit em sua jornada, deixando tudo isso para trás.

De igual modo, o Amor (*Storge*) de Bilbo por Frodo era tão grande, que lhe deixou de herança não apenas sua casa e bens gerais, mas também o seu bem mais Precioso, O Um Anel de Poder. Isso, sem dúvida alguma, era algo muito difícil ser outorgado. Bilbo havia portado O Um Anel por cerca de 60 anos, sendo este um objeto que já o influenciava seriamente, dominando, inclusive, seus próprios pensamentos. Bilbo foi o único portador do Um Anel a entregá-lo, sem que fosse forçado a fazê-lo[62]. Isto, obviamente, só aconteceu por influência de seu grande amigo Gandalf, mas, ainda assim, podemos comprovar como o Amor (*Storge*) por Frodo o impulsionou a abandonar algo tão Precioso.

Assista o vídeo:
"Bilbo Bolseiro"

Assista o vídeo:
"Frodo Bolseiro"

62. TOLKIEN, J.R.R. A Sociedade do Anel. Rio de Janeiro: Harper Collins Brasil, 2019, p. 109.

Boromir e Faramir

Boromir era o Alto Vigilante da Torre Branca e Capitão-Geral de Gondor. Era o filho mais velho do Regente de Gondor, Denethor II[63].

Seu irmão mais novo era Faramir, Capitão de Gondor, com cinco anos de diferença. Boromir tinha apenas dez anos quando sua mãe, Finduilas, morreu, e viu, após sua morte, o pai Denethor tornar-se sombrio e distante.

Entre os irmãos havia grande amor desde a infância, e Boromir era o ajudante e protetor de Faramir:

> "Porém havia grande amor entre os irmãos, e fora assim desde a infância, quando Boromir fora ajudante e protetor de Faramir. Não surgira ciúme nem rivalidade entre eles desde então, pela benevolência do pai ou pelo louvor dos homens.[64]"

Infelizmente seu pai Denethor amava mais a Boromir do que a Faramir e, apesar dessa situação, o amor entre os irmãos não mudara. Sempre estavam juntos e iam às lutas juntos, enfrentando fortes inimigos e escapando de grandes perigos.

Em determinado momento, os dois irmãos tiveram praticamente o mesmo sonho, o que mudaria o percurso de suas vidas. Parte do sonho dizia para irem até Imladris (Valfenda). Faramir estava ansioso por cumprir o sonho e procurar Imladris. Mas, vendo Boromir que o caminho era cheio de dúvidas e perigos, encarregou-se da viagem, e o fez como uma prova de seu Amor (*Storge*) por seu irmão.

Denethor relutou muito em dar permissão para a partida de seu filho mais amado, porém, Boromir partiu e, com muita luta, chegou à Valfenda. Foi lá que acabou entrando para a Sociedade do Anel e viajando com os nove membros da sociedade rumo à Mordor.

Boromir contribuiu sobremaneira com a demanda, tendo muitos momentos de glória, porém muitos momentos de dúvida também. Nessa ocasião, lutou bravamente

63. Durante quase mil anos o Reino de Gondor foi governado por regentes, até ser reivindicado pelo legítimo herdeiro do trono, Aragorn II.
64. TOLKIEN, J.R.R. O Retorno do Rei. Rio de Janeiro: Harper Collins Brasil, 2019, p. 1501.

em Amon Hen para proteger os Hobbits Merry e Pippin. Porém, após matar algumas dezenas de Orques e Uruks, Boromir acabou sendo morto. Aragorn, Gimli e Legolas colocaram seu corpo em um dos barcos, dobraram o capuz e o manto élfico (presente dos Elfos de Lórien), colocando-os sob sua cabeça. Pentearam seus longos cabelos escuros, arrumando-os sobre os ombros, o elmo foi colocado ao lado do corpo, o cinto dourado de Lórien reluziu em sua cintura e atravessados sobre seu colo colocaram a corneta partida e o punho com os fragmentos da lâmina da espada. Sob seus pés colocaram as espadas dos seus inimigos.

Aragorn e Legolas cantaram um lamento por Boromir enquanto deixavam seu barco fúnebre à deriva no Grande Rio Anduin. O Rio, então, levou o corpo de Boromir sobre as Cataratas de Rauros.

Três noites depois, Faramir, seu irmão, estava sentado à beira do Grande Rio, em Osgiliath, quando viu, ou teve a impressão de ter visto, um barco passando perto e foi em direção a ele, mas não ousou tocá-lo. Faramir também ouvira a corneta soando à distância quando Boromir estava em necessidade e agora via o corpo de seu irmão deitado no barco, porém sem a corneta.

Os pedaços dela chegaram à praia separadamente e as duas metades do chifre foram depois levadas a seu pai, Denethor. O barco com o corpo de Boromir foi levado pelo Grande Rio Anduin até o Mar.

Quando Faramir encontrou Frodo, Sam e Gollum, contou a triste despedida do corpo de seu irmão, lamentou a falta que lhe fazia, assim como relembrou os grandes feitos de sua jornada. Seu maior desejo era ter ido em seu lugar:

> "Eu deveria ter sido escolhido por meu pai e pelos anciãos, mas ele se adiantou, já que era mais velho e mais intrépido (ambas as coisas são verdade), e não havia como detê-lo.[65]"

Algumas vezes, Denethor havia dito ao filho mais novo que preferia que Faramir morresse ao invés de Boromir, mas, ainda assim, isso não havia mudado o amor, admiração e respeito que tinha tanto pelo irmão, quanto pelo pai.

> "Meu Boromir! Agora precisamos de ti. Faramir deveria ter ido no lugar dele.[66]"

Em outro trecho do livro *O Retorno do Rei*, lemos:

65. TOLKIEN, J.R.R. *As Duas Torres*. Rio de Janeiro: Harper Collins Brasil, 2019, p. 961.
66. TOLKIEN, J.R.R. *O Retorno do Rei*. Rio de Janeiro: Harper Collins Brasil, 2019, p. 1099.

> "Então desejas", disse Faramir "que nossos lugares tivessem sido trocados?". "Sim, deveras o desejo", afirmou Denethor. "Pois Boromir me era leal, e não um pupilo de mago. Ele teria recordado a necessidade de seu pai e não teria desperdiçado o que foi dado pela sorte. Ele me teria trazido uma poderosa dádiva"[67].

Da mesma forma como Denethor amava mais a Boromir, em outra história também vemos um pai, Jacó, amando mais a um de seus doze filhos, José[68]. Assim como os irmãos Faramir e Boromir tiveram sonhos, José também era um sonhador.

Boromir morreu para defender sua família e ideais, porém os próprios irmãos de José queriam matá-lo. Ainda assim, decidiram "apenas" vendê-lo como escravo e fingir a sua morte.

Faramir e seu pai possuíam o desejo de terem ocupado o lugar de Boromir, para evitar o ocorrido. Na história de José, esse desejo também surge em seus irmaõs, depois de o haverem reencontrado vivo anos e anos mais tarde, porém agora como o Governador do Egito (mesmo que não o tivessem reconhecido). Desejaram ter se oferecido pela vida do irmão.

Porém a grande diferença entre essas histórias é que os irmãos de José não demonstraram o amor que estamos comentando tanto nessas últimas páginas, o *Storge*. Eles não tinham nenhuma afeição, eram arrogantes, não ampliavam sua cosmovisão para entender melhor o irmão. E é por isso que muitas histórias, com maus exemplos como esse, são registradas na Bíblia. Nós até podemos aprender com o que as pessoas fizeram de bom, procurar "acertar" como elas acertaram. Mas nada é mais fácil na aprendizagem do que perceber o erro do outro e procurar não seguir o mesmo caminho. Vemos as consequências dos erros alheios e percebemos que, se fizermos o mesmo, teremos que colher o mesmo resultado! Uma frase conhecida de Otto von Bismarck[69] diz: *"Os tolos dizem que aprendem com os seus próprios erros; eu prefiro aprender com os erros dos outros"*. Já Augusto Cury, psiquiatra e escritor, disse algo semelhante: *"Uma pessoa inteligente aprende com os seus erros, uma pessoa sábia aprende com os erros dos outros"*.

Assista o vídeo:
"Boromir"

67. TOLKIEN, J.R.R. O Retorno do Rei. Rio de Janeiro: Harper Collins Brasil, 2019, p. 1175.
68. Você pode conferir essa história com muito mais detalhes dos capitulos 37 a 47 do primeiro livro da Biblia, Gênesis.
69. Otto Eduard Leopold von Bismarck-Schönhausen, Principe de Bismarck, Duque de Lauenburg foi um nobre, diplomata e político prussiano e uma personalidade internacional de destaque do século XIX.

Caridade (Agápe)

"Todos aqueles que têm bons pais, boas esposas, bons maridos ou bons filhos podem estar certos de que algumas vezes - e talvez o tempo todo no que diz respeito a alguma característica ou hábito particular - estão recebendo Caridade [Agápe], e não são amados porque são amáveis, mas porque o Amor de Deus está naqueles que os amam.[70]"

Frodo e Gollum (Sméagol)

O amor que provém diretamente de Deus é o Amor *Agápe*. Na verdade, segundo 1 João 4:8, *"Deus é Agápe"*. Esse é o Amor que é incondicional e pode transformar a apatia e total falta de amor em compaixão, misericórdia, perdão e caridade.

Esse foi o amor que vimos ser desenvolvido em Frodo Bolseiro, através de sua Jornada. Antes de começá-la, ele foi aconselhado por Gandalf e ouviu seus relatos sobre a história do Um Anel de Poder, sobre seu futuro Inimigo e seus serviçais. Quando se deparou com o relato do mago sobre a criatura Gollum (Sméagol), imediatamente Frodo manifestou seu desprezo e até mesmo seu desejo pela morte daquela criatura:

> "Que pena que Bilbo não apunhalou essa vil criatura quando teve a chance!" [ao que Gandalf respondeu:] "Pena? Foi a Pena que deteve sua mão. A Pena e a Compaixão: de não golpear sem necessidade. E ele foi bem recompensado, Frodo. Tenha a certeza de que ele teve tão poucos danos devidos ao mal, e escapou por fim, porque começou sua posse do Anel desse modo. Com Pena.". "Lamento", disse Frodo. "Mas estou apavorado; e não sinto nenhuma pena de Gollum.[71]"

Mesmo com a repreensão de Gandalf, Frodo não voltou atrás em sua opinião ou sentimento. Além de não sentir pena ou misericórdia de Gollum, ainda o condena à morte:

> "Você não o viu", interrompeu Gandalf. "Não, e não quero vê-lo", retrucou Frodo. "Não consigo compreender você. Quer dizer que você e os Elfos o deixaram continuar vivo depois de todos esses feitos horríveis? Seja como for, agora ele é tão mau quanto um Orque e apenas um inimigo. Ele merece a morte.[72]"

Então, logo após essa declaração incisiva de Frodo, nosso querido Gandalf nos dá uma aula de sabedoria, sendo essa uma das frases mais famosas em *O Senhor dos Anéis*:

70. LEWIS, C. S. Os Quatro Amores. Rio de Janeiro: Thomas Nelson Brasil, 2017, p. 177 e 178.
71. TOLKIEN, J.R.R. A Sociedade do Anel. Rio de Janeiro: Harper Collins Brasil, 2019, p. 114.
72. Idem, p. 114.

> "Merece! Imagino que merece. Muitos que vivem merecem a morte. E alguns que morrem merecem a vida. Você pode dá-la a eles? Então não seja ávido demais por conferir a morte em julgamento. Pois nem mesmo os muito sábios conseguem ver todos os fins. Não tenho muita esperança de que Gollum possa ser curado antes de morrer, mas existe uma chance. E ele está atado ao destino do Anel. Meu coração me diz que ele ainda tem algum papel a desempenhar, pelo bem ou pelo mal, antes do fim; e quando este chegar, a pena de Bilbo poderá reger o destino de muitos — não menos o seu.[73]"

Menos de um ano depois, já em sua jornada e tendo a Sociedade do Anel rompida, Frodo e Sam encontraram Gollum. Na ocasião, Gollum os perseguia e os atacou. Frodo teve a chance de matá-lo, chegou a posicionar a Ferroada, sua espada, na garganta de Gollum, mas não o fez.

> "Não", disse Frodo. "Se o matarmos precisamos matá-lo imediatamente. Mas não podemos fazer isso, não do jeito que as coisas estão. Pobre coitado! Ele não nos fez mal.[74]"

Foi este o momento em que Frodo se lembrou das sábias palavras de Gandalf. Ele entendia em sua pele a pena e a misericórdia que Bilbo sentiu. Expressar o Amor (*Agápe*) é amar aquilo que não é naturalmente amável. Por isso, quem recebe esse Amor (*Agápe*) é alvo de misericórdia.

> "Muito bem", respondeu em voz alta, baixando a espada. "Mas ainda tenho medo. E, no entanto, como você vê, não tocarei na criatura. Pois agora que o vejo eu sinto pena dele.[75]"

O fruto da caridade e misericórdia de Frodo para com Gollum possibilitou a destruição do Um Anel. Frodo e Sam estavam perdidos e Gollum os conduziu até Mordor (mesmo contra sua vontade e planejando o mal).

Durante essa jornada, agora a três, Frodo exercitou a paciência, longanimidade, benignidade e perdão, requisitos do Amor (*Agápe*). Gollum acabou recebendo esse amor, não por ser amável, mas porque o amor de Deus estava representado naquele (Frodo) que o amou.

73. TOLKIEN, J.R.R. A Sociedade do Anel. Rio de Janeiro: Harper Collins Brasil, 2019, p. 114 e 115.
74. TOLKIEN, J.R.R. As Duas Torres. Rio de Janeiro: Harper Collins Brasil, 2019, p. 887.
75. TOLKIEN, J.R.R. As Duas Torres. Rio de Janeiro: Harper Collins Brasil, 2019, p. 888.

Por fim, no último estágio, diante do fogo do Monte da Perdição, a ponto de lançar o Um Anel no fogo, Frodo declinou e reivindicou o Anel para si. Mas, o fruto de seu Amor (*Agápe*) por Gollum possibilitou a conclusão de sua missão. Gollum apareceu e arrancou o Um Anel (juntamente com o dedo) de Frodo e, na alegria extasiante por ter recuperado seu Precioso, a criatura perdeu o equilíbrio e caiu com o Um Anel nas chamas da Perdição, destruindo, assim, o poder do Inimigo.

> "Meu coração me diz que ele ainda tem algum papel a desempenhar, pelo bem ou pelo mal, antes do fim; e quando este chegar, a pena de Bilbo poderá reger o destino de muitos — não menos o seu.[76]"

Esse Amor (*Agápe*), como mencionado várias vezes, não é natural. É algo que pode, e até deveria, ser desenvolvido por nós. Digo que devemos desenvolvê-lo, pois esse amor vai contra a nossa natureza humana, afinal, como pecadores, não é fácil oferecer bondade, caridade, ou o que for de bom, para pessoas que "não merecem" ou sem esperar uma recompensa.

Por esse motivo, Jesus nos pede para que amemos o próximo, e, quando nos pede isso, qual é a palavra usada pelo Mestre? *Agápe! "Novo mandamento vos dou: que vos ameis uns aos outros; assim como eu vos amei, que também vos ameis uns aos outros. Nisto conhecerão todos que sois meus discípulos: se tiverdes amor [Agápe] uns aos outros.[77]"*

Devemos nos "agapar", pois essa é uma forte demonstração de que Deus é real em nosso mundo. Muitas pessoas perguntam: "Se Deus existe, por que acontece tanta maldade, tanto sofrimento?" Gosto de refazer a pergunta de outra forma: "Se Deus não existe, por que existem pessoas bondosas e tantos atos de amor?"

Ao procurarmos desenvolver o Amor (*Agápe*) em nossas vidas, também estaremos revelando a fonte do mais puro e verdadeiro Amor: Deus.

Para aprender mais uma lição de poder através da obsessão de Gollum por esse Anel, assista o vídeo do QR Code ao lado!

Assista o vídeo:
"Sméagol e a pornografia"

76. TOLKIEN, J.R.R. *A Sociedade do Anel*. Rio de Janeiro: Harper Collins Brasil, 2019, p. 114 e 115.
77. João 13.34-35, *Bíblia Almeida Revista e Atualizada*.

Rei Théoden
e Gríma Língua-de-Cobra

Gríma Língua-de-Cobra era o Conselheiro-Chefe do Rei Théoden, de Rohan. Todavia, Gríma tornou-se espião e serviçal de Saruman, que prometeu-lhe a mão de Éowyn, sobrinha do Rei Théoden. Por sua vez, Língua-de-Cobra levava a Saruman informações do Reino de Rohan e os segredos do Rei. Era um traidor que, além de revelar os segredos do Rei Théoden ao inimigo, ainda prejudica-lhe com os falsos conselhos vindos de Saruman.

Usando de enganação, Gríma Língua-de-Cobra enfeitiçou o Rei Théoden com sua sagacidade e belas palavras, sussurrando em seus ouvidos histórias distorcidas e sugestões desonestas, levando o Rei a sonhos sombrios, envenenando seu pensamento, gelando seu coração e enfraquecendo seus membros. Aplicou venenos sutis, como se fossem remédios para aliviar a velhice do Rei, produzindo efeitos contrários.

Gríma Língua-de-Cobra sempre procurava atrasar o Rei, evitando que ele reunisse toda a sua força. Era ardiloso e ia em segredo para Isengard, encontrar-se com Saruman, a fim de passar informações de Rohan e receber novos direcionamentos para prejudicar o Rei e seu Reino.

Assim, por muito tempo o Rei Théoden ficou sentado nas sombras, devorado pelo envelhecimento, curvado, enrugado, usando até um cajado negro de apoio, sem que nunca tenha precisado de tal muleta.

Língua-de-Cobra chegou até mesmo a trancar Herugrim, a espada do Rei, e muitos outros objetos em uma arca, para enfraquecer a sua autoridade e apagar da memória o espírito de guerreiro que fora outrora. Isso foi deixando o Rei Théoden cada vez mais fraco e abatido.

Nos filmes da franquia, a caracterização de Théoden ficou muito marcante, deixando claro os impactos da influência de Língua-de-Cobra em sua aparência, valorizando a transformação rejuvenescedora após sua libertação.

Essa libertação, feita por Gandalf, chamado agora de "O Branco", repreendeu toda influência de Saruman e expôs a traição de Gríma, restituindo ao Rei Théoden a sua autoridade e vigor. Ele libertou sua mente dos conselhos malditos de Língua-de-Cobra, tornando-se livre para pensar e enxergar com clareza novamente. Gandalf resgatou-o das trevas e das sombras, trocando o cajado negro por sua espada real, Herugrim.

Depois de ser exposto e confrontado, Gríma sentiu-se acuado, acusando Gandalf de mentir, ao que ele respondeu:

> "Mentes", retrucou Língua-de-Cobra. "Essa palavra vem demasiado amiúde e fácil de teus lábios", disse Gandalf. "Não minto. Vê, Théoden, eis uma serpente! Com segurança não a podes levar contigo, nem podes deixá-la para trás. Matá-la seria justo. Mas ela nem sempre foi como é agora. Outrora foi um homem e vos prestou serviço à sua maneira. Dá-lhe um cavalo e deixa-o partir de imediato, aonde escolher. Pela sua escolha tu hás de julgá-lo.[78]"

Gandalf deixa clara a sentença que Gríma merecia, mas aconselha o Rei a agir com misericórdia, uma decisão que caberia somente ao Rei Théoden tomar:

> "Ouves isso, Língua-de-Cobra?", disse Théoden. "Esta é tua escolha: cavalgar à guerra comigo, e deixar-nos ver na batalha se és fiel; ou partir agora, aonde quiseres. Mas então, se alguma vez nos reencontrarmos, não hei de ser misericordioso.[79]"

Mesmo tendo usufruído do favor e misericórdia do Rei, Gríma Língua-de-Cobra cuspiu diante dos pés do Rei e, pulando para um lado, fugiu escada abaixo. E mais uma vez o Rei agiu com Amor (*Agápe*), usando novamente de misericórdia para com o verme:

> "Atrás dele!", disse Théoden. "Cuidai para que não machuque ninguém, mas não o firais nem impeçais. Dai-lhe um cavalo se ele assim desejar.[80]"

Diante dos atos maléficos de Gríma, que prejudicaram ao Rei e ao Reino de Rohan, e que também tiveram consequências terríveis – de morte e injustiça – o Rei Théoden escolheu amar aquele que o traiu, amar aquele que não é naturalmente amável. Gríma foi alvo do Amor (*Agápe*) e da misericórdia do Rei.

Ao conhecer (ou relembrar) essa história de Gríma, não há como não pensar em um dos traidores mais conhecido de todos os tempos: Judas. Um nome tão famoso, mas que nunca é escolhido para nomear nossos filhos! Por que será? Brincadeiras à parte,

78. TOLKIEN, J.R.R. As Duas Torres. Rio de Janeiro: Harper Collins Brasil, 2019, p. 764.
79. Idem, p. 764.
80. TOLKIEN, J.R.R. As Duas Torres. Rio de Janeiro: Harper Collins Brasil, 2019, p. 765.

Judas, mesmo sendo super capaz e eficiente como discípulo, decidiu trair seu Mestre. A grande diferença entre as duas histórias é que, em uma, o grande Rei também era Deus. E, mesmo conhecendo as intenções do seu traidor, em momento algum destratou-o ou o privou de amor (Agápe). O Mestre tentou, inclusive, avisá-lo, lavou seus pés, mas, mesmo assim, Judas seguiu com seu plano. Quem amaria um traidor como esse? Jesus amou. E se você parar para pensar um pouco, nós também "traímos" nossas crenças, "traímos" nossas convicções pessoais, "traímos" a confiança de quem amamos e, mesmo assim, mesmo sendo traidores, Deus continua a nos amar. Todos nós somos pecadores, todos somos hipócritas, afinal, não conseguimos viver de acordo com os valores que professamos, mas não se esqueça: todos nós somos amados.

Saber que somos amados, mesmo sendo quem somos, agindo da maneira que agimos, traindo a confiança d'Aquele que nos ama, deveria inspirar a nossa gratidão por esse amor imerecido. E, tornando-nos mais agradecidos, deveríamos compartilhar pelo menos um pouquinho desse amor tão incrível com os outros...

Eros

"Ao falar de Eros quero dizer, é claro, aquele estado emocional que chamamos de "estar apaixonado" ou, se preferir, "estar amando.[81]"

Aragorn e Arwen

Esta é uma das mais belas histórias de Amor (*Eros*) com o elemento sacrificial em *O Senhor dos Anéis*, já que, neste caso, o Amor (*Eros*) está carregado de paciência e esperança (o Amor é paciente e tudo espera[82]) e são vigorosamente exercidos.

Quando estava com vinte anos de idade, Aragorn viu Arwen pela primeira vez, enquanto caminhava na mata, em Valfenda. Esta experiência foi para ele como que uma visão ou sonho: pensou ter recebido talvez uma dádiva dos menestréis-élficos que podem fazer as coisas que cantam aparecerem diante dos olhos daqueles que escutam, pois estivera cantando parte da "Balada de Lúthien", que conta a história de como seus antepassados Beren e Lúthien se encontraram de forma semelhante. Aragorn viu aquela donzela caminhando no gramado, entre os troncos brancos das bétulas, e paralisou admirado com sua beleza. Aconteceu, então, o primeiro diálogo, as primeiras palavras trocadas:

> "Por um momento Aragorn a fitou em silêncio, mas, temendo que ela se afastasse e nunca mais fosse vista, chamou-a exclamando: 'Tinúviel, Tinúviel!', exatamente como Beren fizera nos Dias Antigos, muito tempo atrás. "Então a donzela voltou-se para ele, sorriu e disse: 'Quem és tu? E por que me chamas por esse nome?' "E ele respondeu: 'Porque cria que eras deveras Lúthien Tinúviel, de quem eu cantava. Mas se não és ela, então caminhas à sua semelhança.'
> "'Assim muitos disseram', respondeu ela com gravidade. 'Porém o nome dela não é o meu. Contudo, quem sabe, minha sina não será diversa da dela. Mas quem és tu?'
> "'Fui chamado de Estel', ele respondeu; 'mas sou Aragorn, filho de Arathorn, Herdeiro de Isildur, Senhor dos Dúnedain'; porém, mesmo enquanto falava, sentiu que sua alta linhagem, com que seu coração se regozijara, era agora de pouca valia, e como se nada fosse em comparação com a dignidade e o encanto dela [...] desde aquela hora, amou Arwen Undómiel, filha de Elrond.[83]"

81. LEWIS, C. S. *Os Quatro Amores*. Rio de Janeiro: Thomas Nelson Brasil, 2017, p. 125.
82. 1 Coríntios 13.4-7, NVI.
83. TOLKIEN, J.R.R. *O Retorno do Rei*. Rio de Janeiro: Harper Collins Brasil, 2019, p. 1503, 1504.

O Amor (*Eros*) entre eles aconteceu, como dizem por aí: "à primeira vista". Todavia, Arwen era uma Elfa, imortal, e Aragorn, por mais que fosse descendente de Reis Númenóreanos e pudesse viver o triplo da idade comum dos homens, era um mortal, ainda assim. Este matrimônio seria impossível, a menos que Arwen renunciasse à dádiva da imortalidade.

Quando Aragorn vê que é pequena a chance de ter Arwen como esposa, a sua vida perde o sentido, por um momento: *"Então amargos serão os meus dias e caminharei a sós nos ermos..."*[84].

Aragorn estava tão apaixonado por Arwen, que seu semblante e brilho nos olhos mudara, a ponto de o Mestre Elrond (pai de Arwen) descobrir seu Amor (Eros) sem que ninguém lhe tivesse contado: *"Então Aragorn perturbou-se e indagou: 'Pode ser que minha mãe falou disto?' 'Não deveras', respondeu Elrond. 'Teus próprios olhos te traíram'"*[85].

Arwen também estava tão apaixonada, que abriu mão da dádiva da imortalidade por amar (Eros) a Aragorn, mantendo-se fiel a ele[86].

Quando, porém, Elrond (pai de Arwen) descobriu o amor de Aragorn por sua filha, impôs-lhe uma dura condição: *"Ela não há de ser noiva de Homem menor que o Rei de Gondor e também Arnor.*[87]*"*

Mesmo que Aragorn fosse secretamente herdeiro do trono, teria que percorrer um longo e árduo caminho até a sua coroação. Muitos anos de dificuldades e batalhas o separavam deste momento e de seu grande amor.

Sessenta e oito anos depois do primeiro encontro do casal após o término da Guerra do Anel e derrota de Sauron, Aragorn torna-se Rei e finalmente se casa com a sua amada. Após seu bem-sucedido reinado, Aragorn morreu com duzentos e dez anos de idade, deixando o Reino para seu filho Eldarion. Então, Arwen partiu para Lothlórien e ali morou a sós sob as árvores, até que seus dias se extinguiram, deixando no local seu verde túmulo.

Já comentamos sobre as palavras gregas que representam o Amor, porém antes de prosseguirmos, é vital conhecermos as palavras hebraicas que falam sobre Amor e expandir mais nossa compreensão sobre este tema tão "amável"!

Em hebraico, existem três formas que correspondem ao Amor. A primeira palavra para Amor é *"Raya"*, que seria o Amor da amizade, da companhia (lembra da palavra *"Philia"*?).

É a sensação de conhecer alguém e encontrar sua "alma gêmea". Pessoas que sentem *"Raya"* umas pelas outras ficam conversando o tempo todo, perdem a noção de tempo, usam a famosa frase "desliga você" quando se falam ao telefone. Um verso bíblico que bem demonstra esse amor é: *"Quero ouvir a sua voz. Aquela*

84. TOLKIEN, J.R.R. O Retorno do Rei. Rio de Janeiro: Harper Collins Brasil, 2019, p. 1505.
85. Idem, p. 1505.
86. Idem, p. 1507.
87. TOLKIEN, J.R.R. O Retorno do Rei. Rio de Janeiro: Harper Collins Brasil, 2019, p. 1508.
88. Ela morreu no ano seguinte à morte de seu amado Aragorn.

voz tão suave! Aquele rosto encantador![89]"

É a sensação de que a pessoa já tem a nossa confiança e de que podemos abrir o coração e contar tudo. O núcleo da relação entre esses amantes é uma profunda amizade: "*Raya*"!

O segundo tipo de Amor na língua hebraica é "*Ahava*". "*Ahava*" é um afeto profundo, o desejo de estar tanto com alguém que o coração chega a doer se ficamos distantes. "*Ahava*" é um amor de compromisso, é voltar-se para o amante com a mente e coração com tamanha paixão e intensidade que não se pensa em mais nada. Começamos a amar demonstrando o "*Raya*", mas ele precisa evoluir para o "*Ahava*".

Em Cânticos, vemos que esse amor é forte como a morte, que muitas águas não podem apagar o "*Ahava*". Ele é o amor da determinação, do compromisso: "*O meu amado é meu, e eu sou dele*"[90].

Veja, esse amor é muito mais profundo do que sentimentos românticos temporários. "*Ahava*" é tomar a decisão de unir a sua vida à de outra pessoa. "*Ahava*" é o que faz tudo perdurar.

E aqui nos deparamos com um problema: hoje a moda nos relacionamentos é não ter compromisso. "Ao invés de casar, vamos apenas morar juntos; e, se não der certo, a gente separa! Vamos apenas ficar"... O Amor puro e verdadeiro evolui para querer um compromisso sério: "*Ahava*"!

Mas há, ainda, uma terceira palavra hebraica para Amor em Cânticos. A terceira e última palavra é "*Dod*". "*Dod*" é o amor sexual que aparece várias vezes na Bíblia hebraica. Esse amor é o elemento físico e sexual de um relacionamento. É de onde tiramos a palavra grega "*Eros*", de onde vem a palavra *erótico*. Veja um trecho do poema erótico, chamado Cânticos:

> "Como são lindos os seus pés em suas sandálias. Que coisa mais linda, mais cheia de graça é o seu andar. Suas pernas são pura elegância, obra de um artista de primeira. Seu corpo é um cálice, repleto de vinho. Sua pele é tão macia e sedosa! Seus seios são como duas belas colinas, que anunciam as primeiras flores da primavera. O contorno do seu pescoço, como é belo e delicado! Seus olhos são fontes de luz, suas curvas são só perfeição! Atraem os olhares, mexem com o coração. Como você é linda! Como é perfeita, minha amada, minha querida. Eu a desejo mais que tudo![91]"

89. Cânticos 2.14, Bíblia A Mensagem.
90. Cânticos 2.16, Bíblia Almeida Revista e Atualizada.
91. Cânticos 7 (trechos dos versos 1 a 6), Bíblia A Mensagem.

Para que experimente o amor em sua totalidade é preciso que você tenha os três "Amores" juntos. Esses "Amores" precisam estar combinando, se encontrando, como se cada Amor fosse uma pequena chama. Sabe aquela chama solitária que nunca será tão quente quanto se estivesse junta das demais? Para ter um fogo forte, que não se apague, é preciso que as chamas estejam juntas!

Eu e você fomos criados para experimentar esses três Amores juntos, porém temos estragado isso! Pense, por exemplo, em um caso amoroso. Um caso são duas pessoas compartilhando do amor "*Dod*", mas sem os outros Amores, sem o "*Raya*" nem o "*Ahava*". Não há amizade, não há compromisso. Não há lealdade, nem sacrifício. Há o "*Dod*", mas não há "*Raya*" nem "*Ahava*". São duas pessoas tentando só com o amor "*Dod*" sentir todo amor em sua totalidade, mas isso é impossível, pois os três Amores precisam "queimar" juntos! Estragamos isso quando temos sexo sem amizade ou sexo sem compromisso. Não me surpreende que a pessoa se sinta vazia e insatisfeita depois de acordar com uma pessoa qualquer ao seu lado, pois fomos criados para muito mais! Fomos criados para sentir o verdadeiro Amor, quando há amizade, compromisso e atração sexual sadia.

Existe uma linda comparação que o Apóstolo Paulo faz na carta que enviou aos Coríntios. Ele chama nosso corpo de "templo do Espírito Santo". Lindo, não é? Muitas pessoas aplicam esse texto para o cuidado que devemos ter com nosso corpo, através da alimentação, exercício físico, etc. Porém, todo o contexto do capítulo fala sobre pureza sexual. Com isso em mente, leia os versos abaixo:

> "Vocês não sabem que seu corpo é o templo do Espírito Santo, que habita em vocês e lhes foi dado por Deus? Vocês não pertencem a si mesmos, pois foram comprados por alto preço. Portanto, honrem a Deus com seu corpo"[92].

O seu corpo é sagrado! E ele não é seu! Ele foi comprado por um alto preço! Honre a Deus com o seu corpo e não esqueça: Deus quer estar presente em sua vida sexual! Sabe qual é a vontade de Deus para a sua vida?

> "A vontade de Deus é que vocês vivam em santidade; por isso, mantenham-se afastados de todo pecado sexual. Cada um deve aprender a controlar o próprio corpo e assim viver em santidade e honra, não em paixões sensuais, como os gentios que não conhecem a Deus"[93].

92. 1 Coríntios 6.19-20, Bíblia NVT.
93. 1 Tessalonicenses 4.3-5, Bíblia NVT.

O que Deus quer para a sua vida é que você desfrute o amor de forma plena, vivendo as três palavras que definem o Amor: "Raya", *"Ahava"* e *"Dod"*. Um Amor de amizade, compromisso e de atração sexual de forma sadia. Deixe as chamas queimarem juntas e você experimentará o mais intenso Amor, mais intenso que o Amor de Aragorn e Arwen ou até mesmo que o próximo casal que veremos: Faramir e Éowyn.

Assista o vídeo:
"Arwen"

Faramir e Éowyn

No final da Guerra do Anel, Faramir encontrou-se com Éowyn pela primeira vez nas Casas de Cura em Gondor. Ela estava aflita por estar presa e em recuperação, pois havia sido ferida gravemente quando lutou contra o Rei-bruxo de Angmar, o chefe dos Espectros-do-Anel (derrotado por ela e Merry). Esta é a famosa cena em que o Rei-bruxo diz que nenhum homem pode matá-lo e Éowyn, então, nesse momento, tira o capacete e diz: *"Não sou um homem!"*, desferindo, por fim, o golpe final.

Após isso, os exércitos amigos se dirigiam a Mordor para a última batalha contra o Inimigo e o desejo de Éowyn era fazer parte dessa última investida ou, pelo menos, ser útil em algo naquele momento. Mas, quando o Diretor das Casas de Cura não lhe deu alta, ela solicitou um encontro com o atual Regente de Gondor, Faramir, para apelar por sua liberação.

Foi assim que eles se conheceram, no jardim das Casas de Cura. A princípio, nenhum dos dois se apaixonou "à primeira vista", como ocorreu com Aragorn e Arwen.

O primeiro sentimento que Faramir teve foi pena[94] por vê-la ferida e perceber seu pesar e inquietação. Éowyn ainda pensava em Aragorn, mas, durante a longa conversa que tiveram, o Amor (*Eros*) despertou em seus corações. Então, Faramir lhe declarou:

> "Então, Éowyn de Rohan, digo-vos que sois linda. Nos vales de nossas colinas há flores belas e vivas e donzelas mais belas ainda; mas até agora não vi em Gondor flor nem senhora tão encantadora e tão pesarosa. Pode ser que só restem alguns poucos dias para a escuridão tombar sobre nosso mundo, e quando ela vier, espero encará-la com firmeza; mas aliviar-me-ia o coração se, enquanto ainda brilha o Sol, vos pudesse ver.[95]"

Após isso, Faramir a convenceu a ficar e, enquanto se recuperava nas Casas de Cura, eles continuaram seus encontros nos jardins, conhecendo-se cada vez mais e, por fim, expressando o seu recém desperto amor:

94. TOLKIEN, J.R.R. *O Retorno do Rei*. Rio de Janeiro: Harper Collins Brasil, 2019, p. 1372.
95. Idem, p. 1373.

> "E eu vos amo. Antes sentia pena de vosso pesar. Mas agora, se não tivésseis pesar, sem medo e sem nenhuma falta, se fôsseis a ditosa Rainha de Gondor, ainda assim eu vos amaria. Éowyn, não me amais?"
> Então mudou o coração de Éowyn, ou ela finalmente o compreendeu. E de súbito seu inverno passou, e o sol brilhou sobre ela..." "E a tomou nos braços e a beijou sob o céu ensolarado, sem se importar por estarem no alto das muralhas, à vista de muitos. E de fato muitos os viram, e à luz que brilhava em torno deles, ao descerem das muralhas e irem de mãos dadas para as Casas de Cura.[96]"

Esta história lembra muito o que aconteceu entre Boaz e Rute, uma das histórias de amor mais lindas da Bíblia. É impossível ler e não se impressionar com o modo como Rute se compromete com Noemi (sua sogra) e com o seu Deus. De certa forma, Rute é o tipo de mulher com quem os homens almejariam casar: ela é a verdadeira personificação da mulher virtuosa, apresentada em Provérbios 31. Nessa história de amor, vemos o agir de Deus de forma bem sutil. Ele traz Rute e Noemi de volta para Israel depois de terríveis sofrimentos (a morte de seus respectivos maridos) – e a própria Noemi reconhece a mão de Deus, mesmo em meio ao seu sofrimento. E é aí que conhecemos mais sobre Rute, uma estrangeira que abandona os deuses de sua terra e se torna fiel ao Deus de Israel:

> "Rute, porém, respondeu: 'Não insistas comigo que te deixe e não mais a acompanhe. Aonde fores irei, onde ficares ficarei! O teu povo será o meu povo e o teu Deus será o meu Deus!'"[97]

Deus concede sabedoria a Noemi, que orienta Rute a se deitar aos pés de Boaz (como um símbolo de pedido para que ele fosse seu resgatador). Como na história de Faramir e Éowyn, é provável concluirmos que o primeiro sentimento de Boaz também foi de ter certa pena de Rute. Ele também não se apaixonou à primeira vista, mas aceitou cumprir com seu papel de resgatador. Nessa história, vemos nitidamente a mão providencial de Deus. Até parece que a ação de Boaz ao resgatar Rute já é um anúncio do generoso resgate que temos em Cristo. Assim, Boaz e Rute refletem uma história de pessoas virtuosas em Deus, de quem deveríamos copiar o caráter.

A narrativa de Boaz e Rute não é apenas sobre eles. É sobre algo maior! E creio que esse deve ser o desejo de nosso coração em todas as áreas da nossa vida: casamento, amizades, profissão, hobbies... Compreender que Deus nos chama para cumprir seus eternos e gloriosos propósitos, a partir das coisas simples da vida. Este deveria ser o maior anseio em nosso coração.

96. TOLKIEN, J.R.R. O Retorno do Rei. Rio de Janeiro: Harper Collins Brasil, 2019, p. 1378.
97. Rute 1.6, Bíblia NVI.

Amizade (Philia)

"Amantes estão sempre dizendo um ao outro algo sobre seu amor; Amigos quase nunca falam acerca de sua Amizade. Amantes estão, normalmente, face a face, envolvidos um com o outro; Amigos estão lado a lado, envolvidos com algum interesse comum.[98]"

Frodo Bolseiro e Samwise Gamgi

Este é o mais descarado e declarado Amor Amizade (*Philia*) que encontramos em *O Senhor dos Anéis*: o Amor entre Samwise Gamgi e Frodo Bolseiro.

Assim como nos livros, isto também é bem visível nos filmes e, em virtude de ser um Amor (*Philia*) tão forte e intenso, alguns o interpretam equivocadamente com uma conotação homossexual - mesmo que Sam tenha demonstrado o Amor (*Eros*) por sua querida Rosinha, com quem se casou e gerou muitos frutos, como vemos no final do livro *O Retorno do Rei*, afinal eles tiveram 13 filhos.[99]

Talvez muitos estranhem o comportamento de Sam em relação ao seu patrão Frodo, por causa da dedicação, ações e pureza da amizade entre eles.

No começo de *A Sociedade do Anel*, Sam se dispôs prontamente a ir com seu amigo e patrão em uma jornada muito arriscada e sem benefício algum para si (a não ser por querer ver os Elfos).

Eles passaram muitas dificuldades no caminho, em perigos de rios, em perigos de salteadores, em perigos entre patrícios, em perigos entre estrangeiros, em perigos nos vilarejos, em perigos nas florestas, em perigos na estrada, em perigos entre falsos concidadãos, em perigos entre criaturas agourentas (ufa!); em fadigas e em vigílias, muitas vezes; em jejuns e privações; em frio, em muitos perigos de morte e sem contar os Cavaleiros Negros em seu encalço. Por fim, chegaram em Valfenda para um breve descanso, e, durante o Conselho de Elrond, ficou decidido que Frodo ainda seria o portador do Um Anel, sendo incumbido da missão de levá-lo a Mordor para destruí-lo. Foi, então, que Sam se voluntariou a continuar a jornada com Frodo:

98. LEWIS, C. S. *Os Quatro Amores*. Rio de Janeiro: Thomas Nelson Brasil, 2017, p. 87 e 88.
99. TOLKIEN, J.R.R. *O Retorno do Rei*. Rio de Janeiro: Harper Collins Brasil, 2019, p. 1573.

"Mas certamente não vai mandá-lo partir sozinho, Mestre?", exclamou Sam, incapaz de se conter por mais tempo, saltando do canto onde estivera sentado no chão em silêncio.
"Não deveras!", disse Elrond, voltando-se para ele de repente com um sorriso. "Ao menos tu hás de ir com ele. É quase impossível separar-te dele, mesmo quando ele é convocado a um conselho secreto, e tu não.[100]"

100. TOLKIEN, J.R.R. A Sociedade do Anel. Rio de Janeiro: Harper Collins Brasil, 2019, p. 387.

Frodo também correspondia ao Amor Amizade (*Philia*) de Sam, tanto em palavras, quanto em atitudes. Em toda jornada, ele sempre se preocupava com seu querido Sam e se alegrava por sua companhia também nos momentos de tormento e dor. Frodo reconhecia a importância de sua presença e de toda a sua ajuda:

> "'Ora, Sam,' prosseguiu ele, 'de alguma forma ouvir você me deixa tão feliz como se a história já estivesse escrita. Mas você deixou de fora um dos personagens principais: Samwise, o destemido.' 'Quero ouvir mais sobre Sam, papai. Por que não incluíram mais falas dele, papai? É disso que gosto, me faz rir. E Frodo não teria ido longe sem Sam, não é mesmo, papai?'"[101]

Sem dúvida, Frodo reconhecia Sam como seu melhor amigo, um grande companheiro mais chegado que um irmão:

> "Atrasamo-nos miseravelmente nas colinas. Mas Samwise Gamgi, meu caro hobbit — na verdade, Sam, meu caríssimo hobbit, amigo entre os amigos...[102]"

No final de toda essa jornada, quando Frodo partiu para as Terras Imortais[103], nomeou Sam como seu herdeiro, deixando para ele o Bolsão (sua toca/casa) e seus bens, inclusive, sua querida espada Ferroada e o Livro Vermelho do Marco Ocidental[104] (com as últimas páginas para serem escritas pelo próprio Sam).

Quando estavam se aproximando cada vez mais de Mordor, mais precisamente quando entraram em Ithilien, em um abrigo, Frodo pegou no sono, fadigado não apenas pela longa e dura jornada, mas pelo fardo maldito que carregava (O Um Anel). Então, Sam o observou e se lembrou de quando seu patrão adormecia recuperando-se de um ferimento mortal em Valfenda e, naquela ocasião, havia notado que às vezes parecia haver uma luz brilhando suavemente no interior de seu amigo, mas agora a luz era ainda mais clara e forte. Nesse momento, Sam balançou a cabeça como se considerasse inúteis as palavras e murmurou:

> "Eu o amo. Ele é assim, e às vezes isso transparece de algum modo. Mas eu o amo, transpareça ou não.[105]"

101. TOLKIEN, J.R.R. As Duas Torres. Rio de Janeiro: Harper Collins Brasil, 2019, p. 1017.
102. TOLKIEN, J.R.R. As Duas Torres. Rio de Janeiro: Harper Collins Brasil, 2019, p. 899.
103. Valinor seria o Éden (Paraíso) nesse Universo.
104. Nesse Livro se encontrava as memórias da jornada de Bilbo Bolseiro (O Hobbit) e de Frodo Bolseiro (O Senhor dos Anéis), com adições dos outros Hobbits: Sam, Merry e Pippin. Mais do que um diário, ele tornou-se um registro importante para o povo do Condado.
105. TOLKIEN, J.R.R. As Duas Torres. Rio de Janeiro: Harper Collins Brasil, 2019, p. 937.

Os amigos carregam os fardos uns dos outros e Sam carregou o Um Anel por quase dois dias, quando pensava que seu amigo estava morto. E, quando descobriu que Frodo ainda vivia, seu sangue ferveu de coragem, ousadia e intrepidez para resgatá-lo do cativeiro e continuar a jornada com ele.

Já dentro das terras hediondas do Inimigo, Sam deu a Frodo água e mais uma fatia de pão-de-viagem, fazendo de sua capa um travesseiro para a cabeça do patrão. Porém, Sam não lhe contou que lhe dera de beber a última gota de água que tinham e que Frodo recebeu a porção da comida de Sam, além de sua própria[106].

Quando estavam no limite de suas forças, já esgotados, próximos ao sopé do Monte da Perdição, onde até o ar era maléfico, com muitas privações, com fome há muitos dias e muita sede, Sam, mais uma vez se compadeceu e encorajou Frodo, ainda que ele próprio se encontrasse em estado deplorável:

> "Agora vamos lá! Agora é o último fôlego!", disse Sam, lutando para se pôr de pé. Inclinou-se sobre Frodo, animando-o gentilmente. Frodo gemeu; mas com grande esforço da vontade ergueu-se cambaleando; e depois voltou a cair de joelhos. Elevou os olhos com dificuldade para as escuras encostas do Monte da Perdição que se erguiam acima dele, e depois, deploravelmente, começou a rastejar para a frente.
> Sam olhou-o e chorou no coração, mas não vieram lágrimas aos seus olhos secos e ardidos. "Eu disse que o carregaria, mesmo que isso quebrasse minhas costas," murmurou, "e vou fazer isso![107]"

E, como se não bastasse todo apoio, encorajamento e compaixão, Sam toma uma das atitudes mais belas e marcantes de toda jornada, dispondo-se a carregar mais uma vez o fardo por Frodo[108], mas, como não era possível (pois o fardo foi dado ao patrão), Sam dispôs-se a carregar o próprio amigo:

> "Venha, Sr. Frodo!", exclamou ele. "Não posso carregá-lo pelo senhor, mas posso carregar o senhor e ele também. Então levante-se! Vamos lá, Sr. Frodo, meu querido! Sam vai lhe dar uma carona. Só diga a ele aonde ir e ele irá.[109]"

E assim, mesmo sem forças, Sam literalmente carrega seu amigo nas costas e, com um esforço final, ruma em direção à última etapa da jornada.

106. TOLKIEN, J.R.R. O Retorno do Rei. Rio de Janeiro: Harper Collins Brasil, 2019, p. 1330.
107. TOLKIEN, J.R.R. O Retorno do Rei. Rio de Janeiro: Harper Collins Brasil, 2019, p. 1346.
108. Idem, p. 1342.
109. TOLKIEN, J.R.R. O Retorno do Rei. Rio de Janeiro: Harper Collins Brasil, 2019, p. 1347.

Após a destruição do Um Anel, restava ainda o caminho de volta, porém, Frodo e Sam não tinham mais forças físicas ou mentais para prosseguir. Ainda assim, o Amor Amizade (*Philia*) resplandece e traz encorajamento e esperança:

> "Estou contente de você estar aqui comigo", disse Frodo. "Aqui no fim de todas as coisas, Sam."
> "Sim, estou com o senhor, Patrão", respondeu Sam, encostando a mão ferida de Frodo suavemente no peito. "E o senhor está comigo. E a jornada terminou. Mas depois de percorrer todo este caminho ainda não quero desistir. Não é meu jeito, digamos, se me entende.[110]"

E mesmo diante de todo tumulto e tribulação, quando tudo parece desfalecer, resta apenas o companheirismo, o Amor Amizade (*Philia*):

> "E foi assim que Gwaihir[111] os viu com seus olhos penetrantes e de visão longínqua, enquanto descia pelo vento impetuoso e rodopiava no ar enfrentando o grande perigo dos céus: dois pequenos vultos escuros, desamparados, de mãos dadas em um pequeno morro, enquanto o mundo estremecia embaixo deles e arfava, e rios de fogo se aproximavam.[112]"

Ao fim de tudo, depois da conclusão da Guerra do Anel, Sam descobre que Frodo partirá para as Terras Imortais e não viverá mais com seus amigos no Condado, pois ainda sentia as sequelas e dores de seus ferimentos[113] da jornada, podendo talvez receber algum alívio apenas nas Terras Imortais. Então, ocorre um dos diálogos mais emocionantes entre os dois amigos:

> "Mas," disse Sam, e as lágrimas lhe brotaram dos olhos, "pensei que o senhor também ia apreciar o Condado por anos e anos, depois de tudo que fez."
> "Também pensei assim, certa vez. Mas fui ferido fundo demais, Sam. Tentei salvar o Condado, e ele foi salvo, mas não para mim. Muitas vezes tem de ser assim, Sam, quando as coisas estão em perigo: alguém precisa desistir delas, perdê-las, para que outros possam mantê-las. Mas você é meu herdeiro: tudo o que tenho e poderia ter eu deixo para você. E você também tem Rosinha e Elanor; e virão o menino Frodo, a menina Rosinha, e Merry,

110. Idem, p. 1360.
111. A Grande Águia e amigo de Gandalf, que resgatou Frodo e Sam do Fogo da Perdição.
112. TOLKIEN, J.R.R. O Retorno do Rei. Rio de Janeiro: Harper Collins Brasil, 2019, p. 1361.
113. Principalmente o ferimento feito pela maldita lâmina do chefe dos Espectros-do-Anel.

Cachinhos d'Ouro e Pippin; e outros talvez que não posso ver. Suas mãos e sua sagacidade serão necessárias em toda parte. Vai ser Prefeito, é claro, pelo tempo que quiser, e o jardineiro mais famoso da história; e lerá coisas no Livro Vermelho e manterá viva a lembrança da era que se foi, de modo que as pessoas se lembrem do Grande Perigo e assim amem ainda mais sua terra amada. E isso o manterá tão ocupado e feliz como alguém pode ser, enquanto continuar sua parte da História.[114]"

Muitos anos depois da partida de Frodo (61 anos), e após a morte de sua amada Rosinha, o Mestre Samwise parte de Bolsão rumo aos Portos Cinzentos e foi visto pela última vez por sua filha mais velha, Elanor, a quem dá o Livro Vermelho e parte atravessando o Mar, rumo às Terras Imortais ao encontro do seu melhor amigo: Frodo Bolseiro.

Esse Amor Amizade (*Philia*) entre o Frodo e o Sam chega a ser exemplar. Quem não gostaria de encontrar um amigo como o Sam? O Dr. John Mackay, presidente do Seminário de Princeton em seu livro *O Sentido da Vida*, disse que não há relação mais espiritual e sublime do que a amizade. A relação de amigos é mais elevada do que a de irmãos, noivos ou esposos, pois há muitos irmãos, noivos e esposos que não são amigos.

É muito difícil encontrar amigos que queiram nos apoiar em nossas missões, propósitos, sonhos, metas ou objetivos. Amigos que nos ajudem a crescer emocionalmente, mas por que não espiritualmente também? Por mais que a amizade de Frodo e Sam tenha sido exemplar, quero compartilhar outra história que nos ensina também lições maravilhosas de poder:

"Poucos dias depois, tendo Jesus entrado novamente em Cafarnaum, o povo ouviu falar que ele estava em casa. Então muita gente se reuniu ali, de forma que não havia lugar nem junto à porta; e ele lhes pregava a palavra. Vieram alguns homens, trazendo-lhe um paralítico, carregado por quatro deles. Não podendo levá-lo até Jesus, por causa da multidão, removeram parte da cobertura do lugar onde Jesus estava e, pela abertura no teto, baixaram a maca em que estava deitado o paralítico. Vendo a fé que eles tinham, Jesus disse ao paralítico: "Filho, os seus pecados estão perdoados".
Estavam sentados ali alguns mestres da lei, raciocinando em seu íntimo: "Por que esse homem fala assim? Está blasfeman-

114. TOLKIEN, J.R.R. O Retorno do Rei. Rio de Janeiro: Harper Collins Brasil, 2019, p. 1463.

do! Quem pode perdoar pecados, a não ser somente Deus?" Jesus percebeu logo em seu espírito que era isso que eles estavam pensando e lhes disse: "Por que vocês estão remoendo essas coisas em seu coração? Que é mais fácil dizer ao paralítico: Os seus pecados estão perdoados, ou: Levante-se, pegue a sua maca e ande? Mas, para que vocês saibam que o Filho do homem tem na terra autoridade para perdoar pecados"—disse ao paralítico— "eu digo a você: Levante-se, pegue a sua maca e vá para casa". Ele se levantou, pegou a maca e saiu à vista de todos, que, atônitos, glorificaram a Deus, dizendo: "Nunca vimos nada igual![115]"

Alguns dizem que Cafarnaum se tornou a cidade de Jesus. Provavelmente o Mestre estava na casa de Pedro, que era amigo de Marcos. Por isso, muitos acreditam que o evangelho de Marcos nada mais é do que um relato de Pedro para seu amigo.

Este relato mostra um paralítico que tem quatro amigos verdadeiros. Amigos que estavam dispostos a, inclusive, carregá-lo. Eles conseguem acesso até Jesus, que, ao invés de somente curar o paralítico, também o perdoa. E por que Cristo fez isso? Estamos enganados se pensamos que a dificuldade física é o que mais limita o ser humano. É mais difícil libertar um homem da culpa do que de uma paralisia motora. A culpa esmaga, oprime e mantém as pessoas contidas. Os culpados vão, aos poucos, se encolhendo, diminuindo, colocando-se aquém de suas potencialidades, sentindo-se aquém de seus direitos e possibilidades. Mas, para que todos saibam que Jesus pode fazer o mais difícil, que é libertar um homem da culpa e oferecer perdão, Ele também cura o paralítico de sua dificuldade física, olhando para o paralítico e falando: "Irei curá-lo para que todos saibam que o Filho do Homem[116] tem autoridade para perdoar pecados."

Amigos, no começo desta história bíblica, o leito carregava o homem, agora o homem estava carregando seu leito. Escolhi dar um segundo exemplo de uma verdadeira amizade, pois este milagre mostra a força da comunidade, das pessoas que estão ao nosso redor. Como comunidade somos mais fortes. É como diz aquela famosa frase: "Juntos somos mais fortes!"

Foi a comunidade que levou o paralítico a Jesus e nós também somos convidados a fazer o mesmo. Muitas vezes "carregamos" nossos amigos para fazer coisas não tão boas. Precisamos aprender a fazer o inverso! Se não fossem os quatro amigos, talvez este paralítico nunca teria sido perdoado e curado. Se não fosse por Sam, talvez Frodo não tivesse conseguido cumprir sua missão. Por este motivo, que Jesus nos ensina:

> "Ninguém tem maior amor (*Agápe*) do que este: de dar alguém a própria vida em favor dos seus amigos (*Philos*).[117]"

115. *Marcos 2.1-12, Bíblia NVI.*
116. *Jesus usou umas 80 vezes o título "Filho do Homem" (conforme Daniel 7.13, 14), esse era seu título predileto. Ao usá-lo, estava fazendo uma referência explícita sobre o Messias. Ao aplicar o título para Ele mesmo, era como se falasse: Eu sou o Messias!*
117. *João 15.13, Bíblia Almeida Revista e Atualizada.*

A reflexão/lição que fica nestas páginas é: buscar amigos que nos ajudem em nossa jornada. E mais do que isso: também ser este tipo de amigo!

Assista o vídeo:
"Samwise Gamgi"

Legolas e Gimli

Um exemplo clássico de Amor Amizade (*Philia*), porém improvável, aconteceu entre o Elfo Legolas e o Anão Gimli. Eles se conheceram em Valfenda, a Última Casa Hospitaleira à leste do Mar, lar do Mestre Elrond, durante o Conselho de Elrond. Legolas foi até Valfenda para levar a má notícia de que Gollum havia escapado de seu cativeiro em Trevamata (Reino de seu pai).

Já Gimli fora à Valfenda com seu pai, Glóin[118], para avisar a Bilbo de que o Inimigo estava à sua busca e também para pedir conselhos à Elrond acerca de seu parente Balin[119] (que, depois que partira para Moria[120], não havia mais dado notícias).

E, por um certo tipo de providência divina, eles e alguns outros foram envolvidos em um conselho, o Conselho de Elrond. Desta maneira, o Elfo e o Anão se conheceram. Havia inimizade entre as duas raças desde os Dias Antigos[121], tendo vivido desde as Eras Antigas pouquíssimos momentos de amizade. Na verdade, por milhares de anos a inimizade entre os dois povos foi cultivada.

Durante o Conselho de Elrond foi formada a Sociedade do Anel, com nove membros, dentre os quais estavam Legolas e Gimli. Sua missão era ajudar Frodo Bolseiro a levar o Um Anel até o Monte da Perdição e destruí-lo, jogando-o no fogo em que fora criado.

Logo, foi na Demanda do Anel que o Amor Amizade (*Philia*) entre Legolas e Gimli foi construído, durante as dificuldades, privações e muitas lutas. Desde o momento em que partiram de Valfenda nesta jornada, Elfo e Anão não se afastaram mais enquanto a demanda durou. Mesmo quando a Sociedade do Anel foi rompida e seus membros separados, Legolas e Gimli permaneceram juntos.

Por centenas de milhas eles caminharam, escalaram, navegaram e correram juntos. Lutaram juntos em pelo menos três batalhas importantes, a saber, a Batalha do Abismo de Helm, a Batalha dos Campos de Pelennor e a Batalha em frente ao Portão Negro de Mordor.

E, como grandes amigos que se tornaram, criaram um jogo inusitado: quem matava mais Orques. Neste jogo o Anão foi melhor, mas, apesar da brincadeira, o que importava para Legolas era o bem-estar do seu amigo Gimli:

118. Glóin foi um dos Treze Anãos que participaram da Demanda de Erebor com Bilbo Bolseiro, em O Hobbit.

119. Balin também participou da Demanda de Erebor, em O Hobbit.

120. Moria (Khazad-dûm) ficava relativamente próxima de Valfenda.

121. Na verdade, essa inimizade vem desde quando os Anãos foram criados pelo Vala Aüle sem permissão de Deus (Eru Ilúvatar), pois Deus definira que os Elfos seriam os primeiros a despertar. Ainda assim, Deus adotou os Anãos, mas os colocou para dormir e aguardar a sua hora de despertar, após os Elfos.

> “Quarenta e dois, Mestre Legolas!”, exclamou ele. “Ai de mim! Meu machado está lascado: o quadragésimo segundo tinha um colar de ferro no pescoço. Como estás tu?”
> “Ultrapassaste minha contagem por um”, respondeu Legolas. “Mas não ressinto o jogo, tanto estou contente de te ver de pé![122]”

E sempre que tinham oportunidade, agradeciam um ao outro pela companhia, superando até o pré-conceito que tinham entre as raças:

> “Mas tu me consolas, Gimli, e estou contente de ter-te por perto [...] Queria que houvesse outros de tua parentela entre nós.[123]”

Gimli se regozijava e fazia questão da companhia de Legolas:

> “Agradeço-te deveras”, disse Gimli, muito contente. “Irei contigo de bom grado, se meu camarada Legolas puder cavalgar ao nosso lado.[124]”

Ao que Legolas sempre retribuía esse Amor Amizade (*Philia*), enfatizando que Gimli era seu amigo:

> “Vamos, hás de te sentar atrás de mim, amigo Gimli”, disse Legolas. “Então estará tudo bem, e nem precisarás tomar um cavalo emprestado nem te aborrecer com um.[125]”

> “O amigo de quem falo não é Elfo”, disse Legolas; “refiro-me a Gimli, filho de Glóin aqui.” Gimli fez uma mesura profunda, e o machado lhe deslizou do cinto e retiniu no chão.[126]”

Já nos filmes, vemos que foram criadas algumas cenas engraçadas entre os dois. Uma delas ocorre durante a Batalha do Abismo de Helm, quando Legolas e Gimli estão atrás das muralhas no momento em que inimigos chegaram, porém Gimli não tinha altura o suficiente para enxergar além do parapeito:

> “O que está havendo lá?”, perguntou Gimli.
> “Quer que descreva para você? Ou quer que eu lhe arrume uma caixa?”, respondeu Legolas. Então Gimli deu uma risada[127].

122. TOLKIEN, J.R.R. As Duas Torres. Rio de Janeiro: Harper Collins Brasil, 2019, p. 793.
123. TOLKIEN, J.R.R. As Duas Torres. Rio de Janeiro: Harper Collins Brasil, 2019, p. 769.
124. Idem, p. 769.
125. Idem, p. 657.
126. Idem, p. 849.
127. Versão Dublada. No original, em inglês: "What's happening out there?" say Gimli. "Shall I describe it to you? Or would you like me to find you a box?" say Legolas. As Duas Torres. Rio de Janeiro: Warner Bros Picture, 2002, 02:12:30.

Após a Batalha do Abismo de Helm, os dois amigos fizeram um acordo: quando a Guerra acabasse, os dois visitariam tanto a Floresta de Fangorn, que Legolas ansiava por conhecer mais, quanto as Cavernas do Abismo de Helm[128], que haviam deixado Gimli maravilhado após o pouco tempo que passara por lá.

> "Vamos! Façamos este acordo — se ambos voltarmos a salvo dos perigos que nos aguardam, viajaremos juntos por algum tempo. Hás de visitar Fangorn comigo, e depois virei contigo ver o Abismo de Helm.[129]"

Após o final da Guerra do Anel, os dois amigos cumpriram o acordo e viajaram juntos mais uma vez. Visitaram a Floresta de Fangorn e as Cavernas do Abismo de Helm.

Anos depois, quando o Rei Elessar[130] entregou sua vida, Legolas finalmente seguiu o desejo de seu coração e zarpou pelo Mar, rumo às Terras Imortais. E ele não foi só, seu grande amigo Gimli foi junto:

> "Ouvimos dizer que Legolas levou consigo Gimli, filho de Glóin, por causa de sua grande amizade, maior que qualquer outra entre Elfo e Anão. Se isso for verdade, então é deveras estranho: que um Anão esteja disposto a deixar a Terra-média por qualquer amor, ou que os Eldar o recebam, ou que os Senhores do Oeste o permitam. Mas dizem que Gimli também foi por desejo de rever a beleza de Galadriel; e pode ser que ela, poderosa entre os Eldar, tenha obtido essa graça para ele. Mais não se pode dizer desse assunto.[131]"

Amizades improváveis como essa entre um Anão e um Elfo são encontradas com facilidade no texto bíblico. Provavelmente a mais conhecida seja entre Davi e Jonatas:

> "Depois dessa conversa de Davi com Saul, surgiu tão grande amizade entre Jônatas e Davi que Jônatas tornou-se o seu melhor amigo. Daquele dia em diante, Saul manteve Davi consigo e não o deixou voltar à casa de seu pai. E Jônatas fez um acordo de amizade com Davi, pois se tornara o melhor amigo de Davi. Jônatas tirou o manto que estava vestindo e deu-o a Davi, junto com sua túnica, e até sua espada, seu arco e seu cinturão.[132]"

128. Cavernas Cintilantes de Aglarond.
129. TOLKIEN, J.R.R. As Duas Torres. Rio de Janeiro: Harper Collins Brasil, 2019, p. 800.
130. Título de Aragorn quando foi coroado Rei.
131. TOLKIEN, J.R.R. O Retorno do Rei. Rio de Janeiro: Harper Collins Brasil, 2019, p. 1537.
132. 1 Samuel 18.1-4, Bíblia NVI.

É difícil encontrar alguém que não conheça a história da luta entre Davi e Golias. Davi, mesmo sendo um garoto, luta contra um grande guerreiro militar e, de forma improvável, praticamente inacreditável, acaba vencendo-o. O correto seria o próprio Rei Saul lutar contra o gigante, mas o Rei não teve coragem suficiente e confiança no que Deus poderia fazer. Em virtude desta grande vitória, Davi se torna conhecido, seu feito é celebrado pelo povo através de composições musicais, porém o rei experimenta um certo desmerecimento.

Neste contexto é que surge o Amor Amizade (*Philia*) entre Davi e o príncipe Jônatas. O rei Saul, cheio de inveja, começa a buscar incansavelmente matar a Davi, escolhido por Deus como seu sucessor. Jônatas, da mesma forma, poderia ter olhado para Davi com inveja ou ódio, pois, se Deus não tivesse nomeado Davi, o próprio Jônatas seria rei, depois da morte de Saul. Jônatas não mostrou tal atitude mesquinha e, mesmo contrário a seu pai, manteve o Amor Amizade (*Philia*) com Davi durante toda a sua vida. Jônatas protegeu a Davi, e ambos fizeram uma aliança de sempre se manterem amigos e continuarem a proteger suas famílias.

Esse é apenas um dos exemplos bíblicos de amizades improváveis. Um príncipe sucessor ao trono se torna amigo do maior inimigo do seu próprio pai: o grande matador de gigantes que se tornará um dos maiores escritores dos salmos bíblicos. O que aprendemos com histórias como esta? Muitas vezes deixamos de desenvolver amizades com pessoas que são improváveis. Pessoas que tem gostos e ideias diferentes dos nossos. Pensamos que estamos nos protegendo ao fazer isso, mas, na verdade, estamos perdendo oportunidades. O próprio Jesus disse:

> "Já não os chamo servos, porque o servo não sabe o que o seu senhor faz. Em vez disso, eu os tenho chamado amigos, porque tudo o que ouvi de meu Pai eu tornei conhecido a vocês.[133]"

Quer um exemplo de uma amizade mais improvável do que o próprio Deus ser amigo da Sua criatura? Isso deveria nos ajudar a baixar a guarda e ver as pessoas que nos rodeiam de outra forma. Ao invés de olhar as pessoas pelo que aparentam, que as olhemos como amigos. Como na famosa conversa entre Gimli e Legolas:

> Gimli: "Nunca achei que morreria lutando lado a lado com um Elfo!" Legolas: "E lado a lado com um amigo?" Gimli: "Sim... Isso é possível"[134].

Assista o vídeo:
"Legolas"

133. *João 15.15, Bíblia NVI.*
134. *Versão Legendada. No original, em inglês: "Never thought I'd die fighting side by side with an Elf" say Gimli. "What about side by side with a friend?" say Legolas. "Aye. I could do that" say Gimli. O Retorno do Rei. Rio de Janeiro: Warner Bros Picture, 2003, 02:33:58.*

Humildade

Existe uma frase interessante que diz assim: "a humildade é uma coisa engraçada, a partir do momento que você diz que a tem, acabou de perdê-la!". Segundo o dicionário, "Humildade" é a qualidade de quem age com simplicidade, uma característica das pessoas que sabem assumir as suas responsabilidades, sem arrogância, prepotência ou soberba. Essa é uma virtude preciosa que aprendemos com Jesus. Em Filipenses 2.5-8, o Apóstolo Paulo nos incentiva a termos a mesma atitude de Cristo Jesus *"que, embora sendo Deus, não considerou que o ser igual a Deus era algo a que devia apegar-se; mas esvaziou-se a si mesmo, vindo a ser servo, tornando-se semelhante aos homens. E, sendo encontrado em forma humana, humilhou-se a si mesmo e foi obediente até a morte, e morte de cruz!"*[135].

A humildade está ligada - de certa forma - à humilhação, pois Cristo, mesmo sendo Deus, se humilhou (sem arrogância, prepotência ou soberba) e não se apegou à sua divindade para resolver os desafios de sua vida. Para que o bem vença, para que pessoas sejam abençoadas, para que a humanidade seja salva, muitas vezes temos que genuinamente renunciar aos nossos títulos, posições e, até mesmo, nos rebaixarmos e considerarmos os outros superiores a nós, como o próprio Apóstolo Paulo nos aconselha ainda em Filipenses: *"Nada façam por ambição egoísta ou por vaidade, mas humildemente considerem os outros superiores a vocês mesmos.*[136]*"*

A dificuldade em desenvolver essa virtude vem do fato de sermos muito, mas muito orgulhosos. Para nos ajudar a sermos mais humildes, precisamos aprender algumas coisas sobre o orgulho (que é o oposto da humildade):

135. Filipenses 2.5-8, Bíblia NVI.
136. Filipenses 2.3, Bíblia NVI.

Primeiro, quanto mais você tem, menos você acha que tem. Essa é a triste realidade. E o grande problema com o orgulho é que você nunca o vence. Sabe por quê? Porque é impossível de ver o orgulho em si mesmo. Ninguém acha que é orgulhoso. A TV ou os posts das redes sociais não falam muito nisso (afinal, se o post viralizasse, o criador se sentiria orgulhoso, não é?).

Segundo ponto, o orgulho é competitivo por natureza. Queremos sempre ganhar do outro de alguma forma. Quer um exemplo? Nada desvaloriza mais o seu carro do que seu vizinho comprar um melhor. Lembra quando explicamos os amores? De certa forma, o orgulho também é um amor pelo que não se tem. É um desejo intenso pelo que não se possui. E nós somos tão orgulhosos, mas tão orgulhosos, que mascaramos nosso orgulho com uma pretensa humildade: "ah, mas eu sou pobre". Confesso que não gosto de ouvir alguém que tem recursos usando essa expressão.

Não preciso ir muito longe para dar exemplos de pobreza real. Talvez você tenha visto alguns vídeos que viralizaram recentemente, de um rapaz (Iran, o Luva de Pedreiro) que joga bola em um campinho de terra. Ele não tinha (antes da fama) nem provado pizza, hambúrguer ou batata frita. Mas, depois do seu "receba", ele provou tudo isso. Já ouviu alguém se chamar de "pobre" e ter, razoavelmente, bastante coisas? Sabe o que é isso? Orgulho!

Quando somos orgulhosos, o dinheiro nunca é suficiente. O orgulhoso quer ganhar do outro para ser maior do que o outro. E se não consegue "ganhar", reclama. Quanto mais reclamamos de alguém, mais mostramos que nos irrita ver o outro no centro das atenções, e não nós, como gostaríamos.

Terceiro ponto: o orgulho é capaz de tornar aquilo que é bom em pecado. Digamos, por exemplo, que você decida ajudar os pobres, mas pensa que, ao fazê-lo, é melhor do que outros... O orgulho acabou de tornar algo bom em pecado. O orgulho torna o que é bom em mau... A Bíblia está cheia de exemplos disso.

Quarto: o orgulho é a maior expressão das trevas. O amor é para a luz o que o orgulho é para as trevas. O oposto do amor não é o ódio. O oposto do amor é a indiferença que vem do orgulho. A expressão que mais acaba com os casamentos é aquela rápida olhada para cima, cheia de orgulho! O orgulho não tem volta, porque é a maior expressão das trevas. Lúcifer se tornou Satanás por isso.

Quinto: o orgulho é mais perigoso do que outros pecados, pois nos impede de saber o que realmente temos, quais são os nossos maiores problemas. Se você tem dificuldades com álcool e não consegue parar, diz que não está viciado. Por quê? Orgulho. E o orgulho se torna imperceptível para nós. Se você tem orgulho, o diabo não se preocupa com a sua vida. Quer um exemplo? Os legalistas. Eles têm orgulho de serem o que são, considerando-se superiores aos outros... Pessoas que têm bastante conhecimento da verdade, mas que são muito orgulhosas para perceberem que estão longe do Céu. Se você está lendo essas páginas já pensando em compartilhá-las com alguém, saiba que esse texto é para você mesmo!

Sexto ponto: o orgulho é pensar em você como um fim, e não como um meio. Tenho orgulho do meu filho. Isso é pecado? Depende. Se sinto um pouco de superioridade porque o outro não tem um filho como o meu, então estou a caminho do inferno. E, se esse sentimento vier pela gratidão a Deus por ter me dado esse filho? Esse sim é um meio de levar a gratidão, a partir do lugar certo! Tenho orgulho da minha igreja, porque ela tem a verdade e as outras não... Cuidado! Você acabou de usar a verdade para dar mais um passo para o inferno. Por quê? O povo de Israel não foi chamado para abençoar a si próprio, mas a todas as nações. Somos chamados para abençoar as outras nações! Não somos um fim em nós mesmos.

Sétimo e último ponto: o orgulho é o que acontece quando você não entende quem Deus realmente é. Desde o Éden, foi esse o problema de Lúcifer. Ele não entendeu que Deus não é um rei tirano. "Será que Deus é realmente amor?" Ele tentou Adão e Eva a determinar o que era bem ou mal. O bem e o mal são definidos por Deus, não por nós! Se não entendemos que Deus é amor, inevitavelmente teremos orgulho! Por isso, precisamos orar para sermos humildes. Lutar contra o orgulho. Buscar inspiração no maior exemplo que passou por esta Terra: Jesus! Veja, Jesus foi aquele que veio ao nosso mundo como um bebê. Ele foi a maior expressão da humildade, não tendo nenhum orgulho. Aquele que mais se humilhou tinha o poder de ser o maior. Ele chegou até a pedir perdão porque não sabíamos o que estávamos fazendo ao crucificá-lo. Jesus é muito incrível, não é? Pois saiba disto: eu e você, a partir do momento em que buscamos ser cristãos, temos um chamado para sermos como Jesus. Nosso objetivo na caminhada cristã é sermos parecido com Ele. E se Ele foi humilde, devemos aprender dia após dia a sermos humildes também.

Gandalf

Claramente podemos enxergar essa virtude em Gandalf, pois nosso querido Mago era da raça angelical chamada Maiar, e foi enviado como mensageiro pelos Senhores do Oeste[137], para desafiar o poder de Sauron[138].

Gandalf veio à Terra-média na semelhança de um Homem, um velho. O Peregrino Cinzento de vestes gastas não utilizava os seus poderes, não desejava temor ou reverências e tinha como restrição apenas o conselho e a influência:

> "Seus emissários estavam proibidos de se revelar em formas de majestade, ou de procurar dominar as vontades dos Homens ou dos Elfos através da demonstração aberta de poder, mas, vindos em formas débeis e humildes, tinham a incumbência de aconselhar e persuadir os Homens e os Elfos para o bem, e procurar unir no amor e na compreensão todos aqueles que Sauron, caso retornasse, tentaria dominar e corromper.[139]"

Gandalf abriu mão de sua posição e poder para agir em prol do próximo e em favor dos Povos Livres da Terra-média. Desde que chegou lá, nunca se afastou de seu propósito, pouco descansou, e mesmo quando teve algum momento de refrigério no Condado, ainda assim esteve cumprindo sua missão.

Por todo o tempo em que esteve na Terra-média, Gandalf percorreu praticamente toda a sua extensão, ajudando e influenciando com amor e compreensão os Povos. E, em cada Reino, era conhecido por um nome diferente, na maior parte das vezes referindo-se às suas características andarilhas e humildes, como: o Peregrino Cinzento, o Andarilho Cinzento, o Cinzento, Capa-cinzenta, Corvo-da-Tempestade e Errante Cinzento[140].

Em sua missão, Gandalf também deixou de lado seus poderes, sua glória, aparência e vestes celestiais, vindo como um idoso de vestes simples.

> "Tudo o que o desavisado Bilbo viu naquela manhã foi um velho com um cajado. Tinha um chapéu azul alto e pontudo, um longo manto cinzento, uma echarpe prateada por cima da qual sua longa barba branca chegava até abaixo da cintura e imensas botas pretas.[141]"

137. Valar, uma raça celestial acima dos Maiar.
138. Sauron também era um Maia, mesma raça dos magos Gandalf, Saruman, Radagast e até mesmo os Balrogs.
139. TOLKIEN, J.R.R. Contos Inacabados. Rio de Janeiro: Harper Collins Brasil, 2020, p. 514-515.
140. Uma lista maior de nomes: Gandalf, Mithrandir, Tharkûn, Olórin, Incánus, o Cinzento, Capa-cinzenta, Peregrino Cinzento, Corvo-da-Tempestade, Errante Cinzento, Láthspell, o Branco, o Cavaleiro Branco, o Sábio...
141. TOLKIEN, J.R.R. O Hobbit. Rio de Janeiro: Harper Collins Brasil, 2019, p. 29-30.

“Gandalf era de estatura mais baixa que os outros dois; mas seus longos cabelos brancos, sua vasta barba prateada e seus ombros largos faziam com que se parecesse com algum rei sábio das antigas lendas. Em seu rosto idoso, por baixo de grandes sobrancelhas nevadas, os olhos escuros estavam engastados como carvões que podiam subitamente irromper em fogo[142]"

Além de ajudar aos Povos, seu prazer não estava em se assentar ao lado de Reis e viver em palácios, mas, sendo humilde, se satisfazia em estar entre os humildes, no Condado com os Pequenos, com aqueles que o mundo ignorava e que, aparentemente, pouco agregavam nos assuntos importantes da Terra-média. Foi devido a isso tudo que Gandalf descobriu no Condado o Um Anel de Poder, e, assim, pôde agir, em tempo, antes do Senhor Sombrio.

Mesmo sendo quem de fato era, Gandalf não tinha um lar na Terra-média, nem riquezas, nem armadura, nem montaria, e possuía, provavelmente, apenas uma veste. Tudo o que precisava era emprestado, inclusive o magnífico cavalo Scadufax.

De forma semelhante, também Cristo, sendo Deus, declarou: *"As raposas têm suas tocas e as aves do céu têm seus ninhos, mas o Filho do homem não tem onde repousar a cabeça.[143]"*

Em sua humildade, Gandalf também recusou ser o portador do Um Anel, mesmo após a oferta de Frodo:

“Mas tenho tão pouco de tudo isso! Você é sábio e poderoso. Não quer pegar o Anel?”
“Não!”, exclamou Gandalf, pondo-se de pé com um salto. “Com esse poder eu teria poder demasiado grande e terrível. E sobre mim o Anel obteria um poder ainda maior e mais mortífero.” Seus olhos relampejaram e seu rosto foi iluminado como que por um fogo interior. “Não me tente! Pois não desejo me tornar igual ao próprio Senhor Sombrio. No entanto, o caminho do Anel para meu coração é pela pena, pena da fraqueza e desejo de força para fazer o bem. Não me tente! Não me atrevo a pegá-lo, nem mesmo para mantê-lo guardado, sem uso”. [144]

142. TOLKIEN, J.R.R. A Sociedade do Anel. Rio de Janeiro: Harper Collins Brasil, 2019, p. 329.
143. Mateus 8.20, Bíblia NVI.
144. TOLKIEN, J.R.R. A Sociedade do Anel. Rio de Janeiro: Harper Collins Brasil, 2019, p. 117.

Também é possível comparar a humildade de Gandalf com a de outro personagem bíblico: João Batista (primo de Jesus), que preparou o caminho para o Senhor, para o Rei, até mesmo na humildade de seu estilo de vida: *"As roupas de João eram feitas de pêlos de camelo, e ele usava um cinto de couro na cintura. O seu alimento era gafanhotos e mel silvestre.*[145]*"*

João Batista foi escolhido pelo próprio Jesus para batizar o Rei dos Reis: *"É necessário que ele cresça e que eu diminua"* [146]. Que frase impressionante, não é? De semelhante modo, Gandalf foi escolhido pelo próprio Aragorn para coroá-lo:

> "Em sinal disto quero que o Portador-do-Anel me traga a coroa e que Mithrandir a ponha em minha cabeça, se quiser; pois foi ele o movedor de tudo o que tem sido realizado, e esta é sua vitória."[147]

> "Aragorn ajoelhou-se, e Gandalf pôs a Coroa Branca em sua cabeça e disse: "Agora vêm os dias do Rei, e que sejam abençoados enquanto durarem os tronos dos Valar!"[148]

Somente após a Paz ser instaurada na Terra-média é que Gandalf cumpriu a sua missão e voltou para seu lar, nas Terras Imortais.

> "Bem, finalmente aqui, caros amigos, nas praias do Mar chega o fim de nossa sociedade na Terra-média. Vão em paz! Não direi: não chorem; pois nem todas as lágrimas são más."[149]

Já Saruman, o mago branco, da mesma ordem de Gandalf, se corrompeu pelo orgulho e esqueceu-se de seus objetivos e do propósito pelo qual foi enviado. Gandalf foi honrado e assumiu o lugar e a missão de Saruman, como veremos no capítulo "Profeta".

145. Mateus 3.4, Bíblia NVI.
146. João 3.30, Bíblia NVI.
147. TOLKIEN, J.R.R. O Retorno do Rei. Rio de Janeiro: Harper Collins Brasil, 2019, p. 1382.
148. TOLKIEN, J.R.R. O Retorno do Rei. Rio de Janeiro: Harper Collins Brasil, 2019, p. 1383.
149. Idem, p. 1464.

Elrond

Para entendermos melhor o quão humilde é Elrond, será necessário observarmos os seus grandes feitos. Para isso, aceite meu convite para viajarmos por algumas Eras pela Terra-média. Será uma jornada com alguns nomes e referências, mas não se preocupe com isso, o mais importante é que você entenda os belos feitos deste Meio-Elfo.

Mestre Elrond vinha de uma linhagem nobre, sendo filho do mortal Eärendil e da Elfa Elwing, sendo, assim, um Meio-Elfo. Tinha um irmão gêmeo, Elros, que, mais tarde, se tornou o primeiro Rei de Númenor.[150]

Após a Guerra da Ira[151], por causa de sua herança de Meio-Elfo, os Valar[152] deram a Elrond e ao irmão a escolha de serem contados entre os Elfos ou entre os Homens.

Elrond escolheu pertencer aos Elfos, tornando-se Imortal, enquanto seu irmão permaneceu sendo mortal. Elros navegou para Númenor, seguindo a estrela de seu pai Eärendil, e se tornou o primeiro Rei de Númenor; enquanto Elrond permaneceu entre os Elfos e continuou a linhagem do renomado Rei Élfico, Thingol Capa-Gris, seu trisavô.

Elrond era bisneto do também renomado casal, Beren e Lúthien. Assim, Elrond e Elros descendiam das Três Casas dos Homens, mas, em parte, também dos Elfos e dos Maiar; pois Idril, a Elfa de Gondolin e Lúthien, filha de Melian a Maia, eram suas ancestrais.

Além de sua nobre linhagem, Elrond passou por muitas experiências e tentações. Uma delas aconteceu durante a Segunda Era[154], quando Sauron apareceu como Annatar, Senhor das Dádivas, tentando enganar os Elfos, mas Elrond desconfiou dele e de sua bela aparência, rejeitando-o.

Após a Forja dos Anéis de Poder e também do Um Anel, Sauron saiu à guerra contra os Elfos e começou a devastar a Terra-média. Elrond foi enviado para ajudar os Elfos, porém suas forças chegaram tarde demais (além de serem muito pequenas). Por isso, Elrond e os sobreviventes fugiram para o norte, estabelecendo a fortaleza de Imladris, mais conhecida por Valfenda, a Última Casa Hospitaleira.

Assim foi fundada Valfenda, habitação do Mestre Elrond, uma fortaleza élfica, lugar de sabedoria e conselhos, onde também se iniciou o conselho dos sábios, chamado de "Conselho Branco". Elrond também recebeu um dos Três Anéis de Poder dados aos Reis élficos, o anel azul (Vilya) de Gil-galad, o Alto Rei dos Noldor.[155]

Quando Sauron retomou o seu poder e voltou a fazer guerra contra Elfos e Homens, Elrond marchou com Gil-galad e Elendil, durante a Guerra da Última Aliança entre Elfos e Homens. Após a derrota de Sauron, que custou muitas vidas, inclusive as de Gil-galad e Elendil, o mortal Isildur[156] (filho de Elendil) cortou o Um Anel da mão de Sauron no final da

150. Uma grande ilha em formato de estrela preparada pelos Valar como lugar para a morada dos Homens, que descendiam das Três Casas dos Homens, depois do fim da Primeira Era (a contagem dos Anos e Eras é diferente no Legendário de Tolkien).

151. Guerra em que a hoste dos Valar sai das Terras Imortais para batalhar contra o Morgoth, o Inimigo Sombrio, mestre de Sauron.

152. Valar: uma raça celestial.

153. A já citada raça celestial de Gandalf, abaixo dos Valar.

154. Esse Universo criado por Tolkien também possui uma cronologia e é dividido por Eras: a Segunda Era é marcada pela Ascensão do Reino de Númenor, a Forja dos Anéis de Poder e a Última Aliança de Elfos e Homens. A mais conhecida é a Terceira Era, pois é quando ocorrem os eventos relatados em O Hobbit e O Senhor dos Anéis.

155. Noldor, era uma das hostes dos Elfos. O Alto Reinado era um título supremo e obtido através da linhagem.

156. Ele era ancestral de Aragorn e a espada com que ele cortou o Um Anel da mão de Sauron, foi herdada por Aragorn em O Senhor dos Anéis.

batalha (com a espada quebrada de seu pai) e Elrond foi um dos que aconselhou Isildur a destruir o Um Anel, mas Isildur recusou seu conselho.

Especulava-se que, após a morte de Gil-galad, Elrond teria o direito de se tornar o Alto Rei dos Noldor, mas ele nunca reivindicou o título. Humildade.

Na Terceira Era,[157] já após a morte de Isildur, Elrond recebeu os fragmentos de Narsil [158], e os preservou por muitos anos, até chegar o momento de reforjar a espada e dá-la ao herdeiro do trono, Aragorn.

Mesmo não sendo sua obrigação, Elrond começou sua longa tradição de ajudar e criar os herdeiros de Isildur, cuidando de sua herança. Além da espada quebrada, estava sob sua posse as outras heranças do Reino de Arnor: o Cetro de Annúminas e o Anel de Barahir.

Posteriormente, Elrond continuou lutando contra as forças do Inimigo e participando do Conselho Branco, juntamente com Galadriel, Gandalf e Saruman. Ele também tomou Aragorn e assumiu o papel de seu pai, passando a amá-lo como seu próprio filho em Valfenda.

Quando Aragorn se tornou adulto, Elrond deu-lhe o Anel de Barahir e os fragmentos de Narsil (a espada quebrada).

Na época de *O Hobbit*, Elrond demonstrou a sua destreza e humildade, hospedando em Valfenda a Thorin e Companhia.[159] Mesmo com toda a inimizade existente entre Elfos e Anãos,[160] além de hospedar treze Anãos, Elrond também os ajudou, examinando as espadas que eles haviam encontrado na caverna dos Trols, traduzindo suas runas e examinando o Mapa de Thrór. Esta informação foi muito importante, pois possibilitou que Bilbo Bolseiro e os Anãos entrassem na Montanha Solitária pela entrada secreta.

Durante a Guerra do Anel, em *O Senhor dos Anéis*, a humildade de Elrond pôde ser notada novamente, quando hospedou, curou e deu conselhos a Frodo Bolseiro. Em Valfenda, também, aconteceu o Conselho de Elrond, reunião na qual ele narrou o que sabia da história de Isildur e do Um Anel e também revelou Aragorn como o Herdeiro de Isildur. Quando Frodo, finalmente, se ofereceu para carregar o Um Anel, Elrond afirmou que esta era a decisão correta. Aparentemente, Elrond selecionou os membros da Sociedade do Anel, com a missão de levar o Um Anel para ser destruído em Mordor, mais especificamente no Monte da Perdição, contribuindo muito para o sucesso dessa jornada.

Mesmo com toda experiência, linhagem, nobreza e sabedoria, o Mestre Elrond se mostrou muito humilde em ajudar e se compadecer dos necessitados e, até mesmo, de seus rivais, hospedando, curando, direcionando e aconselhando com toda sua paciência e humildade.[161]

Após a destruição do Um Anel e do fim da Guerra do Anel, Elrond também partiu para o Oeste (as Terras Imortais) junto com Frodo, Bilbo, Gandalf e Galadriel. O fim da Terceira Era foi marcado pela partida deles.

Assista o vídeo:
"Elrond"

157. A Terceira Era é a mais conhecida das Eras, pois é quando ocorrem os eventos relatados em O Hobbit e O Senhor dos Anéis. Porém, temos eventos importantíssimos nas Eras primevas.

158. A espada que cortou o Um Anel da mão de Sauron.

159. Treze Anãos, Bilbo Bolseiro e Gandalf.

160. O plural "Anãos" existe em português e foi utilizado na última tradução da obra de Tolkien no Brasil, pois no original em inglês, Tolkien utiliza o plural "Dwarves" ao invés de "Dwarfs", o que causou um estranhamento para o leitor inglês. Esse mesmo estranhamento foi emulado pelos tradutores nas edições da editora Harper Collins Brasil. Eles optaram por "Anãos" ao invés de "Anões".

161. A nível de curiosidade, durante a Guerra do Anel, Elrond tinha 6.517 anos de idade. Ele é um dos únicos personagens que aparecem em todos os principais livros da Terra-média: O Silmarillion, O Hobbit, O Senhor dos Anéis e Contos Inacabados.

Santidade
Tom Bombadil

Você sabe o que é santidade? O que é ser santo para você? Para os católicos, ser santo exige um processo de análise de algumas características. Para ser santo é preciso: a) ser católico; b) morrer; c) ser admirado em sua comunidade; d) sua vida ser estudada pelos líderes; e e) o candidato a santo tem que ter realizado dois milagres. Só depois disso tudo, você realmente será considerado um santo. Difícil? Mas saiba que a Bíblia pede para sermos santos em várias passagens. E o convite para a santidade não é apenas para um ou outro cristão. Este convite é para todo o povo de Deus:

> "Dê as seguintes instruções a toda a comunidade de Israel. Sejam santos, pois eu, o Senhor, seu Deus, sou santo."[162]

Quando falamos em santificação, muitos de nós somos tentados a pensar que ela é um "level" maior. Seria como enfrentar um Balrog e voltar mais poderoso?

Alguns já acreditam que ser santo é parar de fazer algumas coisas que os outros fazem, como assistir filmes, frequentar determinados lugares, comer algo, ler algo, beber algo, etc. Esta santidade do "eu" versus "eles" é exaltada por líderes religiosos que dizem não temer "chamar o pecado pelo nome"; e o nome é sempre o de práticas que os outros fazem... o dito "mundo".

Santificação é você contra você mesmo? Você lutando contra seus erros e pecados? Deus só gosta de mim se eu me santificar? É o caminho da chatice? É a ausência de erro? A prática de "tornar-se" santo às custas do que os outros fazem não é nem nova, nem muito santa, na verdade. Começou no Éden, com Adão se desculpando às custas de sua mulher e ela, por sua vez, às custas da serpente. A tática é a mesma: olhe para o outro e veja que meu erro não é tão grande assim (ou , no caso ideal, nem olhe para o meu erro).

O que é ser santo? As palavras originais são até conhecidas no meio cristão: *qadosh* e *hagios*. Um significado bem provável é de "separação" ou ser "puro".

162. *Levítico 19.2, Bíblia NVT.*

Nós devemos ser separados para o uso divino. Ele nos pede isso. Vamos resumir o conceito. O que seria um santo? Alguém separado para uso divino e ponto. Três textos que podem nos ajudar a entender esse conceito são:

> "Porque Deus não nos chamou para a impureza, mas para a santidade."[163]

> "Esforcem-se para viver em paz com todos e para serem santos; sem santidade ninguém verá o Senhor."[164]

> "Que ele fortaleça o coração de vocês para serem irrepreensíveis em santidade diante de nosso Deus e Pai, na vinda de nosso Senhor Jesus com todos os seus santos."[165]

Mas não podemos deixar de mencionar algo mais do que importante: a santidade não é apenas uma luta para parar de fazer coisas más, parar de pecar, mas para fazer o bem! Não é um chamado para deixar de fazer as coisas erradas e, sim, para fazer as coisas certas. Ser santo é reconhecer que somos pecadores em nossa natureza, mas não viver pecando em nossas atitudes. Santificação não é a luta com outros para salvar a mim mesmo. Santificação é a luta comigo mesmo para salvar aos outros.

E sabe quem demonstra um pouco desta lição de poder sobre a santificação em *O Senhor dos Anéis*?

Infelizmente, este personagem não aparece nos filmes de *O Senhor dos Anéis*, mas está presente em, pelo menos, dois capítulos dos livros.

Tom Bombadil é o personagem mais misterioso de toda obra de Tolkien. Quando os quatro Hobbits seguiam rumo à Bri, passaram pela Floresta Velha, onde foram capturados pelo Velho Salgueiro. Foi assim que conheceram a Tom Bombadil, que salvou os quatro Hobbits, hospedando-os em seguida em sua casa no meio da floresta. Posteriormente, Tom Bombadil salvou-os novamente, desta vez das Cousas-tumulares.

Enquanto recebia os Hobbits em casa, Tom foi questionado sobre quem seria, ao que ele mesmo respondeu:

> "O mais velho, é o que sou. Ouçam bem, amigos: Tom aqui esteve antes do rio e das árvores; Tom recorda a

163. *1 Tessalonicenses 4.7, Bíblia NVI.*
164. *Hebreus 12.14, Bíblia NVI.*
165. *1 Tessalonicenses 3.13, Bíblia NVI.*

> primeira gota de chuva e a primeira bolota. Fez trilhas antes do Povo Grande, viu o Povo Pequeno chegar. Esteve aqui antes dos Reis, dos túmulos e das Cousas-tumulares. Quando os Elfos foram pro oeste Tom já estava aqui, antes dos mares serem curvados. Viu a treva sob os astros quando não havia temor — antes que o Senhor Sombrio viesse de Fora."[166]

Como o velho Tom declarara, ele estava na Terra antes de tudo e viu tudo crescer e se mover, mantendo-se, mesmo assim, incontaminado do mundo. Não tomou partido nas guerras e evitou conflitos. Manteve-se separado em tudo, santo e puro.

Prova disso é que, durante sua passagem pela casa de Tom Bombadil, Frodo entregou o Um Anel para a análise do misterioso amigo. Tom colocou o Um Anel em seu dedo e não desapareceu. Na verdade, O Anel não exerceu efeito algum sobre ele. Em seguida, rodopiando O Anel no ar e inclinando-se para frente, devolveu-o para Frodo, com um sorriso.

Além de não causar nenhum efeito aparente em Tom, o Um Anel também não influenciou em absolutamente nenhum de seus desejos, mesmo que todos que o tocassem ou, até mesmo o vissem, desejassem possuí-lo.

Existem muitas teorias sobre o velho Tom Bombadil, mas uma coisa é certa: ele se absteve das coisas deste Mundo.

166. TOLKIEN, J.R.R. A Sociedade do Anel. Rio de Janeiro: Harper Collins Brasil, 2019, p. 208.

Galadriel

Talvez Galadriel seja a personagem feminina mais conhecida das obras de Tolkien. Ela foi uma das Elfas mais velhas, se não a mais velha, que permaneceu na Terra-média (quando partiu de volta para Valinor - Éden - após a Guerra do Anel, ela já estava com mais de 8.300[167] anos de idade), sendo chamada por Faramir de a "Senhora que não morre".

Ela viveu mais de 7.000[168] anos na Terra-média, e, assim como Tom Bombadil, manteve-se incontaminada do mundo. Resistiu ao papinho de Sauron e enxergou através de seu disfarce, percebendo as suas verdadeiras intenções na época da forja dos Anéis de Poder, enquanto outros Elfos caíram na lábia do Inimigo:

> "Sauron [...] Percebeu imediatamente que Galadriel seria sua principal adversária e obstáculo e, portanto, esforçou-se por aplacá-la, suportando o desprezo dela com aparente paciência e cortesia."[169]

Já em *O Senhor dos Anéis*, quando a Sociedade do Anel passa pelo reino de Galadriel, Lothlórien, no capítulo *O Espelho de Galadriel*, ela passa por sua maior tentação, quando Frodo ofereceu-lhe o Um Anel de Poder:

> "Vós sois sábia e destemida e bela, Senhora Galadriel", disse Frodo. "Dar-vos-ei o Um Anel, se mo pedirdes. É algo demasiado grande para mim."[170]

Após a oferta de Frodo, tanto no livro quanto no filme de mesmo título, ocorre a cena assustadora em que Galadriel se transforma em uma feiticeira maligna, com uma voz distorcida, dando uma amostra do que poderia se tornar, caso caísse em tentação e aceitasse o Um Anel:

167. Não levando em consideração a Natureza da Terra-média, Galadriel tinha 8.374 anos quando partiu de volta para Valinor.
168. Nos seus primeiros anos, ela morou em outro continente, especificamente em Aman, onde ficam as Terras Imortais (Valinor).
169. TOLKIEN, J.R.R. *Contos Inacabados*. Rio de Janeiro: Harper Collins Brasil, 2020, p. 321.
170. TOLKIEN, J.R.R. *A Sociedade do Anel*. Rio de Janeiro: Harper Collins Brasil, 2019, p. 515.

"Não nego que meu coração muito desejou pedir o que ofereces.[171]

No lugar do Senhor Sombrio colocarás uma Rainha. E não hei de ser sombria, e sim linda e terrível como a Manhã e a Noite! Bela como o Mar e o Sol e a Neve na Montanha! Terrível como a Tempestade e o Relâmpago! Mais forte que os fundamentos da terra. Todos hão de me amar e se desesperar!".[172]

Ela poderia ter colocado tudo a perder e sete milênios de santidade na Terra-média seriam jogados fora, porém ela resistiu à tentação, manteve a santidade e não aceitou o Um Anel:

"Passo pelo teste", disse ela. "Diminuirei e partirei para o Oeste, e continuarei sendo Galadriel."[173]

E por ter perseverado e resistido às tentações e ao pecado, seu galardão foi alcançado:

"em recompensa por seus serviços contra Sauron, e acima de tudo por sua rejeição à tentação de tomar o Anel quando este lhe foi oferecido. De modo que no final a vemos embarcando.[174]

171. TOLKIEN, J.R.R. *A Sociedade do Anel*. Rio de Janeiro: Harper Collins Brasil, 2019, p. 515.
172. Idem, p. 516.
173. Idem, p. 516.
174. TOLKIEN, J.R.R. *Contos Inacabados*. Rio de Janeiro: Harper Collins Brasil, 2020, p. 310.

Parte 2

O Pecado e o Mal em O Senhor dos Anéis

A Encarnação do Mal em Sauron

> "Sauron, maior e mais terrível dos serviçais de Morgoth [...] Sauron se tornara então um feiticeiro de poder horrendo, mestre de sombras e espectros, de saber imundo, de força cruel, desfigurando o que tocava, distorcendo o que regia, senhor de lobisomens; seu domínio era tormento."[175]

Muito antes dos acontecimentos em *O Senhor dos Anéis*, na verdade bem antes que qualquer outra coisa fosse feita, havia Eru Ilúvatar, o Uno, quem fez primeiro os Ainur, os Sacros. Neste Universo criado por J.R.R. Tolkien, Eru Ilúvatar é o Único Deus e os Ainur eram uma espécie de seres celestiais, como os anjos, arcanjos, querubins ou serafins.

Para entendermos a natureza e escolhas do Senhor Sombrio Sauron, precisamos conhecer o seu mestre, Melkor, ou, como foi chamado posteriormente, Morgoth, o Sombrio Inimigo do Mundo.

> "Mas, conforme o tema progredia, entrou no coração de Melkor o entretecer de matérias de seu próprio imaginar que não estavam acordes com o tema de Ilúvatar; pois ele buscava com isso aumentar o poder e a glória da parte designada a si próprio."[176]

Na cosmovisão de J.R.R. Tolkien, o Universo foi criado por meio de temas musicais, proposto primeiro por Eru que, em seguida, convidou os Ainur para compor uma Grande Música. Desta Grande Música se formaria a Terra, que os Elfos chamam de Arda.

Melkor era um Ainu, a quem tinham sido dados os maiores dons de poder e conhecimento, assim como um pouco de todos os dons de seus irmãos. Ele participou dessa Grande Música, mas entrou em seu coração tecer matérias de seu próprio imaginar que não estavam em harmonia com o tema de Eru Ilúvatar, pois desejava aumentar o poder e a glória de sua parte da Música.

Mesmo com a dissonância de Melkor, Eru Ilúvatar transformou este mal em bem.

175. TOLKIEN, J.R.R. *O Silmarillion*. Rio de Janeiro: Harper Collins Brasil, 2018, p. 216.
176. TOLKIEN, J.R.R. *O Silmarillion*. Rio de Janeiro: Harper Collins Brasil, 2018, p. 40.

> Então, Ilúvatar disse: "Poderosos são os Ainur, e o mais poderoso entre eles é Melkor; mas para que ele saiba, como todos os Ainur, que eu sou Ilúvatar, essas coisas que cantastes, eu mostrá-las-ei para que vejais o que fizestes. E tu, Melkor, hás de ver que nenhum tema pode ser tocado que não tenha sua fonte última em mim, nem pode alguém alterar a música à minha revelia. Pois aquele que tentar há de se revelar apenas instrumento meu para a criação de coisas mais maravilhosas, que ele próprio não imaginou."[177]

Tudo o que Melkor fez como maldição, Eru converteu em bênção. Daí temos a neve, nuvens e chuva, como Eru declarou à Ulmo (outro Ainu):

> ...Melkor [...] De seu pensar veio o agudo e imoderado frio e, contudo, ele não destruiu a beleza de tuas fontes, nem a de tuas claras lagoas. Contempla a neve e a obra sagaz da geada! Melkor planejou calores e fogo sem controle e não secou teu desejo nem de todo abateu a música do mar. Contempla antes a altura e a glória das nuvens e as brumas sempre cambiantes; e ouve o cair da chuva sobre a Terra!"[178]

Assim, quando a Terra (Arda) foi criada, o mal já existia. E, após o início da criação de Arda, os Ainur desceram até ela, para dar forma e trazer à existência as coisas cantadas na Grande Canção. Melkor também veio à Arda e, assim como os seus irmãos, fez para si algumas vestes:[179]

> Portanto eu digo: Eä! Que essas coisas Sejam! E eu mandarei Vazio adentro a Imperecível Chama, e ela há de estar no coração do Mundo, e o Mundo há de Ser; e aqueles de vós que desejarem poderão descer a ele."[180]

Quando entraram em Arda, os Ainur foram chamados de Valar, os Poderes do Mundo[181]. E, enquanto davam forma ao Mundo,[182] os Valar (Ainur) eram atrapalhados por Melkor, que se intrometia em tudo o que era feito, voltando as coisas, se pudesse, para seus próprios desejos e propósitos. Ele costumava atiçar grandes fogos, desejando sempre ser o dono de Arda e tê-la como seu próprio reino. Melkor também gastou seu espírito em inveja e ódio, até não conseguir criar nada que não fosse ridicularizar o pensamento de outros e destruir todas as suas obras, se pudesse.

177. TOLKIEN, J.R.R. *O Silmarillion*. Rio de Janeiro: Harper Collins Brasil, 2018, p. 41 e 42.
178. Idem, p. 44.
179. É como são chamados os corpos dos Ainur, quando tomam forma física.
180. TOLKIEN, J.R.R. *O Silmarillion*. Rio de Janeiro: Harper Collins Brasil, 2018, p. 44.
181. Como citado anteriormente, os Valar eram uma classe de maior poder que os Maiar. E foram chamados de Valar porque escolheram entrar em Arda, e seu poder deveria estar contido no Mundo e a ele atado, para estar dentro dele para sempre, até que esteja completo, de modo que eles são a sua vida, e ele, a deles. Por isso são chamados de os Poderes do Mundo.
182. O Mundo na verdade é o Universo, que foi chamado de Eä.

Em seu tempo livre em Arda, Melkor causava todo tipo de mal que conseguia. Trazia destruição, deformação, intrigas entre irmãos e todo tipo de maldade. Sempre agia com malícia e engano, pois o seu prazer estava na confusão e no caos.

Já Sauron era um Maia que, em seu princípio foi servo do Valar Aulë, o ferreiro e mestre dos ofícios. Melkor tinha ciúmes de Aulë, pois o ferreiro era muito semelhante a ele em sua forma de pensar e em poderes, havendo longa contenda entre os dois, pois Melkor sempre maculava ou desfazia as obras de Aulë. Ambos desejavam criar coisas novas e não pensadas por outros, para que suas habilidades fossem elogiadas. Aulë, porém, permaneceu fiel a Eru, submetendo-lhe tudo o que fazia, sem invejar as obras dos outros, dando e recebendo conselhos.

Muitos dos Maiar foram atraídos pelo esplendor de Melkor em seus dias de grandeza e permaneceram seus vassalos em sua escuridão. Outros, ele corrompeu posteriormente a seu serviço, com mentiras e dádivas traiçoeiras.

Dentre as coisas de Aulë corrompidas por Melkor, uma das mais tristes foi o coração de Sauron, que antes se chamava Mairon, o Admirável. Dentre seus serviçais que tinham nomes, o maior era Sauron, o Abominado:

> "Em todos os feitos de Melkor, o Morgoth, sobre Arda, em suas vastas obras e nos enganos de sua astúcia, Sauron tinha parte e só era menos maligno que seu mestre porque, por muito tempo, serviu a outro e não a si mesmo."[183]

Sauron aprendeu muita coisa com seu mestre, inclusive muitos feitos maléficos. Ele se tornou Lugar-tenente de Melkor, e, milênios depois, quando Melkor foi levado cativo para fora de Arda, lançado através da Porta da Noite além das Muralhas do Mundo para dentro do Vazio Atemporal e sob guarda, Sauron continuou o seu legado.

Durante todo o seu tempo na Terra-média, Sauron buscou constituir o seu reino maligno, escravizando os Povos Livres, destruindo, devastando, causando guerras e mais guerras.

As batalhas mais conhecidas causadas por ele foram: a batalha contra os Elfos na metade da Segunda Era, que devastou quase metade da Terra-média; a batalha da Última Aliança entre Elfos e Homens, na qual o Um Anel foi cortado de sua mão; e as batalhas durante a Guerra do Anel.

Além de todo o poderio, as maiores habilidades de Sauron eram a malícia, engano e astúcia. Sempre que podia, utilizava-se de belas palavras para enganar até

183. TOLKIEN, J.R.R. O Silmarillion. Rio de Janeiro: Harper Collins Brasil, 2018, p. 59.

mesmo sábios e grandes reis. Foi o que aconteceu durante a Segunda Era (uma Era antes dos eventos de *O Senhor dos Anéis*). Para que os eventos em *O Senhor dos Anéis* viessem a acontecer, os Anéis de Poder foram forjados na Segunda Era. E, foi através da arte de Sauron, que eles vieram a ser forjados.

Naquele tempo, Sauron criou para si uma forma bela e sábia, autonomeando-se de Annatar, o Senhor das Dádivas (ou dos Presentes). Viajou para cá e para lá, tentando persuadir Elfos e Homens, mas foi no reino élfico de Eregion que seus conselhos foram ouvidos. Os Elfos deram-lhe atenção e aprenderam com ele muitas coisas, pois seu conhecimento era grande. E foi neste reino que os artífices-élficos fizeram os Anéis de Poder, guiados por Sauron, pois seu desejo maligno era lançar um laço sobre os Elfos e mantê-los sob seu comando e vigilância.

Sendo enganador astuto, secretamente, Sauron planejou o Um Anel de Poder para reger a todos os outros anéis, subjugando todos os outros a este Anel principal, para que tudo fosse inteiramente sujeito a si mesmo.

> Então, Ilúvatar falou, e ele disse: "***Poderosos são os Ainur, e o mais poderoso entre eles é Melkor***; mas para que ele saiba, como todos os Ainur, que eu sou Ilúvatar, essas coisas que cantastes, eu mostrá-las-ei para que vejais o que fizestes. E tu, Melkor, hás de ver que nenhum tema pode ser tocado que não tenha sua fonte última em mim, nem pode alguém alterar a música à minha revelia. Pois aquele que tentar há de se revelar apenas instrumento meu para a criação de coisas mais maravilhosas, que ele próprio não imaginou."[184]

Nesta guerra contra os Elfos, Sauron tentou recuperar o máximo de Anéis para enganosamente dá-los às raças que conseguisse persuadir, oferecendo poder. Como veremos posteriormente, ele tentou persuadir os Anãos, mas os Homens se mostraram mais fáceis de enredar. Eles viraram Espectros-do-Anel, ou seja, os que usavam os Nove Anéis de Poder e se tornaram escravos do Anel e de seu Mestre.

Mesmo após recuperar muitos Anéis de Poder, ainda nesta guerra, Sauron cometeu feitos terríveis e abomináveis, devastando com seu exército hediondo a tudo e a todos que passavam por seu caminho. Ele destruiu quase metade da Terra-média e só foi parado quando o grande Reino de Númenor[185] interveio, porém, mais uma vez agindo com malícia e astúcia, fingiu se render e foi levado prisioneiro para a ilha de Númenor. Sua lábia era tão poderosa que, em pouco tempo, se tornou conselheiro do Rei que o prendera.

184. TOLKIEN, J.R.R. O Silmarillion. Rio de Janeiro: Harper Collins Brasil, 2018, p. 376 e 377.
185. Os detalhes desse Reino foram citados no capítulo sobre Elrond.

Logo, ele fez com que o Rei e seu povo não adorassem mais a Eru (Deus), implantando uma frieza espiritual, para depois convencê-los de que Melkor era o deus verdadeiro e digno de adoração, juntamente com a Escuridão:

> "Então Ar-Pharazôn, o Rei, voltou-se para o culto ao Escuro e a Melkor."[186]

Agora o altar, antes consagrado a Eru (Deus), fora transformado em um magno templo, no qual o primeiro fogo fora aceso com a madeira cortada da Árvore Branca, um memorial dos Elfos e da luz dos Valar, servos de Eru. E, com este fogo do altar aceso, fizeram sacrifícios humanos a Melkor, matando os Fiéis (o povo que se manteve fiel a Eru e se recusou a adorar a Melkor).

Por fim, Sauron convenceu ao Rei de Númenor a fazer guerra contra os Poderes, os Valar, que tinham dado aquele Reino aos Homens, abençoando-os com sabedoria e longevidade. Esta investida foi um fiasco e, por causa disso, a ilha de Númenor foi submergida, juntamente com seu povo e até mesmo o corpo de Sauron, que não havia ido à guerra. Os Fiéis remanescentes conseguiram escapar momentos antes da submersão e fugiram para a Terra-média, onde fundaram os seus Reinos.

Infelizmente, o espírito de Sauron levantou-se das profundezas e voltou para Mordor, seu lar. Lá, ele tomou novamente o Um Anel de Poder, mas nunca mais pôde confeccionar para si uma forma bela. Projetou, então, uma nova aparência, que transparecia malícia e ódio, de modo que poucos conseguiam suportar o Olho de Sauron, o Terrível.

Ali, Sauron se preparou para guerra contra os Elfos e Homens, reunindo consigo a grande força de seus serviçais do leste e do sul. Em meio a estes, havia muitos homens da alta raça de Númenor, pois, no passado em sua terra, haviam sido seduzidos por Sauron a adorar a Melkor e à Escuridão. Muitos desses homens tinham navegado para o leste, antes da submersão de Númenor, e fizeram fortalezas e moradias no litoral da Terra-média. Assim, já estavam inclinados à vontade de Sauron e ficaram contentes em servi-lo ainda na Terra-média.

Quando Sauron achou que sua hora chegara, veio com grande força e começou novamente a devastar os reinos da Terra-média. Os Elfos e Homens perceberam que Sauron sobrepujaria a todos, então fizeram uma Liga entre si, chamada de "A Última Aliança", e marcharam juntos em direção aos portões do Inimigo.

As hostes dos Elfos e Homens obtiveram vitória e as portas do Inimigo não resistiram. Eles entraram na terra de Mordor e fizeram um cerco de sete anos em volta da fortaleza de Sauron, até que, por fim, o vilão veio à luta e foi derrotado: o Um Anel foi cortado

186. TOLKIEN, J.R.R. O Silmarillion. Rio de Janeiro: Harper Collins Brasil, 2018, p. 357.

de sua mão e, mais uma vez, seu corpo não resistiu. Seu espírito, porém, fugiu para longe e se escondeu em lugares ermos. Sauron não assumiu forma visível de novo por muitos e longos anos.

Assim começou a Terceira Era do Mundo, era em que ocorreram os eventos de *O Hobbit* e *O Senhor dos Anéis*. Sauron permaneceu oculto por milhares de anos e somente seus serviçais, como os Espectros-do-Anel, começaram a reaparecer e preparar os caminhos de seu mestre.

Chegou, então, o momento em que Sauron, mais uma vez, decide retornar, ressurgindo de forma hedionda, como Necromante, o Feiticeiro de Dol Guldur. Em seguida, abandonou este local e voltou para Mordor, declarando-se abertamente e reunindo poder outra vez.

Tanto esta como tantas outras histórias que explicam, de certa forma, a origem do mal, remetem, de maneira bem lúdica, à história original. A Bíblia já nos conta que há muito tempo atrás aconteceram "coisas estranhas" no Céu. Deus criou vários anjos (e suas devidas hierarquias), mas um deles começou a se desviar dos planos do seu Criador:

> "Como caíste do céu, ó estrela da manhã, filho da alva! Como foste lançado por terra, tu que debilitavas as nações! Tu dizias no teu coração: Eu subirei ao céu; acima das estrelas de Deus exaltarei o meu trono e no monte da congregação me assentarei, nas extremidades do Norte; subirei acima das mais altas nuvens e serei semelhante ao Altíssimo.[187]

A Bíblia relata que existem diversos anjos criados para adorar a Deus. Todo o problema começou quando um desses anjos deixou de adorá-lo, pois queria estar em seu lugar. A expressão "estrela da manhã" significa, em latim, "Lúcifer"[188], "portador de luz", ou "aquele que traz a luz". Por isso, muitos chamam este anjo pelo nome de Lúcifer. Como foi expulso do Céu, perdeu este belo nome e passou a ser chamado de Satanás, que significa "adversário" ou "diabo acusador". Outro texto bíblico que nos ajuda a entender melhor quem foi esse anjo é:

> "Estavas no Éden, jardim de Deus; de todas as pedras preciosas te cobrias: o sárdio, o topázio, o diamante, o berilo, o ônix, o jaspe, a safira, o carbúnculo e a esmeralda; de ouro se te fizeram os engastes e os ornamentos; no

187. Isaías 14.12-14, Bíblia Almeida Revista e Atualizada.
188. Apesar de ser um erro de tradução cometido por Jerônimo (Eusébio Sofrônio Jerônimo, tradutor da Vulgata), foi adotado pelos cristãos como nome próprio do diabo antes de sua queda.

dia em que foste criado, foram eles preparados. Tu eras querubim da guarda ungido, e te estabeleci; permanecias no monte santo de Deus, no brilho das pedras andavas. Perfeito eras nos teus caminhos, desde o dia em que foste criado até que se achou iniqüidade em ti. Na multiplicação do teu comércio, se encheu o teu interior de violência, e pecaste; pelo que te lançarei, profanado, fora do monte de Deus e te farei perecer, ó querubim da guarda, em meio ao brilho das pedras. Elevou-se o teu coração por causa da tua formosura, corrompeste a tua sabedoria por causa do teu resplendor; lancei-te por terra, diante dos reis te pus, para que te contemplem."[189]

Você percebeu o final do verso? Esse querubim começou a olhar demais para o seu próprio umbigo, contemplando suas qualidades e pensando que poderia tomar o lugar de Deus. Ele invejou o que Deus tinha e o que Deus era!

Para começar a explicar esses versos, é importante sabermos que existe uma hierarquia no Céu entre os seres angelicais: existem os anjos (com 2 asas), querubins (com 4 asas, que eram considerados guardiões), serafins (com 6 asas) e um arcanjo (a Bíblia não menciona a quantidade de asas, apenas que ele é o comandante dos anjos). A diferença entre estes anjos é a sua funcionalidade, ou seja, cada um possui uma função específica.

Talvez você já tenha ouvido a história deste anjo que caiu do Céu, mas, antes de continuar, deixe-me explicar algo muito importante: Deus não criou o diabo, Ele criou um anjo. Foi Lúcifer quem se decidiu pelo mal.

Para ficar mais fácil de entender a decisão tomada por Lúcifer, suponhamos que uma mãe tenha um filho e o cria com todo o amor. Aos 15 anos, ele sai para estudar e aos 30 anos torna-se um bandido por escolha pessoal. A mãe tem culpa nisso? Não! Nós também não devemos culpar a Deus pela existência do mal e do sofrimento, pois isso começou no coração deste anjo que foi expulso do Céu.

Mas por que Deus não o matou? Deus é ou não é Todo-Poderoso? Ele poderia ter destruído este anjo rapidinho? Claro que sim! E por que Ele não o fez? Por que Deus não acabou com Lúcifer, assim que ele começou com essas ideias malévolas? Para explicar isto, vamos pensar em uma história. Digamos que você descobre que seu vizinho tem falado mal de você por todo o bairro. Vamos dar-lhe um nome? Halbrand (pegou a referência?). O Halbrand está falando coisas terríveis sobre você! E, um certo dia, você chega mal-humorado da escola (ou faculdade) e vê que muitos estão comentando sobre as últimas fofocas espalhadas a seu respeito. Você não aguenta mais essa situação! Vai até a casa do Halbrand tirar satisfação, porém a conversa fica cada vez

189. Ezequiel 28.13-17, Bíblia Almeida Revista e Atualizada.

mais intensa, calorosa e, quando menos percebe, você acaba pegando uma faca que estava no balcão e acerta a barriga de seu vizinho. Quando cai em si, com a faca na mão, você vai rapidamente embora desesperado. Depois de poucos dias, a vizinhança começa a sentir falta do Halb... (tenho que lembrar com carinho do falecido...). Ligam para a polícia e descobrem que ele foi morto. Quem é o suspeito principal? Você! Então o que acontece? As pessoas da vizinhança começam a ter medo de você. Imaginam que, se falarem algo contra a sua pessoa, podem sofrer as mesmas consequências; ou podem pensar que o Halbrand estava certo e que você não queria que ninguém soubesse de seus segredos.

Foi mais ou menos isso que aconteceu no Céu. Se Deus destruísse a Lúcifer, aconteceriam duas coisas. A primeira: os anjos ficariam com medo de Deus e a sua adoração não seria mais por amor, e sim por medo. A segunda: muitos poderiam pensar que Lúcifer estava com a razão e, quem sabe, outros se levantariam contra Deus novamente. Por isso, Deus tomou uma decisão. Ele permitiu que Satanás continuasse vivo para poder provar, de uma vez por todas, que o diabo sempre esteve errado.

Mas o pior dessa história é que Satanás queria provar o seu ponto de vista para com todos no Céu (parece ou não com Sauron?). Começou a influenciar vários anjos e Deus, então, tomou uma atitude. Deus os expulsou do céu!

> "Houve peleja no céu. Miguel e os seus anjos pelejaram contra o dragão. Também pelejaram o dragão e seus anjos; todavia, não prevaleceram; nem mais se achou no céu o lugar deles. E foi expulso o grande dragão, a antiga serpente, que se chama diabo e Satanás, o sedutor de todo o mundo, sim, foi atirado para a terra, e, com ele, os seus anjos."[190]

Houve uma guerra no Céu. O Arcanjo Miguel pelejou contra o diabo e seus anjos. Você percebeu? O diabo conseguiu recrutar anjos para o seu lado! E quantos foram recrutados?

> "A sua cauda arrastava a terça parte das estrelas do céu, as quais lançou para a terra..."[191]

A cauda do dragão arrastou um terço das estrelas do Céu. Como assim?! O livro de Apocalipse é simbólico e precisamos interpretar os seus símbolos. O que são estrelas, na linguagem profética? Você se lembra de quando Jesus nasceu e foi visitado por alguns magos e pastores? O que os guiou até a manjedoura de Jesus? Uma estrela. Até mesmo no topo de nossas árvores de natal elas aparecem, para lembrarmos deste episódio. Mas aquela estrela, na verdade, era um conjunto de vários anjos.[192] As estrelas arrastadas do

190. Apocalipse 12.7-9, Bíblia Almeida Revista e Atualizada.
191. Apocalipse 12.4a, Bíblia Almeida Revista e Atualizada.
192. Veja mais detalhes em Lucas 2.8-20.

céu pela cauda do diabo foram os anjos. E, para piorar, isso aconteceu com um terço de todos eles! E quanto daria esse "um terço"? Quantos anjos existem no Céu? A Bíblia traz uma resposta a esta pergunta:

> "Vi e ouvi uma voz de muitos anjos ao redor do trono, dos seres viventes e dos anciãos, cujo número era de milhões de milhões e milhares de milhares..."[193]

Ela não revela o número exato, porém a expressão "milhões de milhões e milhares de milhares" é um símbolo para um número extremamente grande, ou melhor, um número incontável. Por isso, entenda algo importante: existem anjos do mal (milhares deles!) procurando influenciar as pessoas a fazerem o mal. A culpa da maldade e do sofrimento não é de Deus, e sim do seu inimigo! Ele foi expulso do Céu, junto com milhares de anjos, para fazer a maldade em nosso mundo!

Agora nós temos um probleminha: o diabo e seus anjos foram expulsos para onde? Para nossa Terra! Deus estava planejando a criação do mundo quando essa guerra aconteceu. Aonde o diabo e seus anjos ficariam na Terra? Deus teve uma ideia. Ele limitou a presença do inimigo a apenas um lugar na Terra! Sabe aonde? Acompanhe:

> "Tomou, pois, o SENHOR Deus ao homem e o colocou no jardim do Éden para o cultivar e o guardar. E o SENHOR Deus lhe deu esta ordem: De toda árvore do jardim comerás livremente, mas da árvore do conhecimento do bem e do mal não comerás; porque, no dia em que dela comeres, certamente morrerás."[194]

Deus fez com que o seu inimigo ficasse apenas em um único lugar: na árvore do conhecimento do bem e do mal! O interessante é que Deus alertou o ser humano para não ir até a árvore, para não comer do fruto, pois, se comessem daquele fruto, morreriam no mesmo dia! Muitas pessoas pensam que essa árvore foi apenas um teste de fidelidade, mas, na verdade, ela foi muito mais do que isso! Ela foi uma forma de Deus proteger o ser humano do mal! Mas o que aconteceu? Infelizmente, certo dia, Eva estava passeando no jardim:

> "Mas a serpente, mais sagaz que todos os animais selváticos que o SENHOR Deus tinha feito, disse à mulher: É assim que Deus disse: Não comereis de toda árvore do jardim?

193. Apocalipse 5.11, Bíblia Almeida Revista e Atualizada.
194. Gênesis 2.15-17, Bíblia Almeida Revista e Atualizada.

Respondeu-lhe a mulher: Do fruto das árvores do jardim podemos comer, mas do fruto da árvore que está no meio do jardim, disse Deus: Dele não comereis, nem tocareis nele, para que não morrais. Então, a serpente disse à mulher: É certo que não morrereis. Porque Deus sabe que no dia em que dele comerdes se vos abrirão os olhos e, como Deus, sereis conhecedores do bem e do mal."[195]

Você já viu algum animal falar? Imagina o susto que você levaria, caso uma serpente começasse a falar com você! E ela foi muito esperta quando arquitetou a sua tentação.

A Bíblia diz que o diabo é leão devorador. Se a serpente perdeu a áurea, o engano ainda é sedutor. Sempre. Portanto, não espere tentação fácil ou armadilha evidente. Dissimular é especialidade da contrafação. Só que, infelizmente, mesmo com todas as precauções de Deus, o ser humano decidiu pecar:

> "Vendo a mulher que a árvore era boa para se comer, agradável aos olhos e árvore desejável para dar entendimento, tomou-lhe do fruto e comeu e deu também ao marido, e ele comeu."[196]

E agora? O ser humano desobedeceu a ordem divina. E, por isso, eles mereciam a morte! E o pior: por causa do erro dos pais da humanidade, eu e você já nascemos com a tendência de fazer o que é errado! Nascemos com um "defeito de fábrica". Nascemos pecadores! É por isso que Davi diz:

> "Pois sou pecador desde que nasci, sim, desde que minha mãe me concebeu."[197]

Sei que temos a tendência de pensar que não somos tão maus assim, afinal de contas, você pode argumentar: "não matei ninguém, não assaltei um banco, enfim, não fiz nada tão grave"... Mas, mesmo não tendo ido tão longe, saiba que todos somos pecadores, todos nós temos nossos defeitos:

> "...pois todos pecaram e carecem da glória de Deus."[198]

Assim como Adão e Eva tinham sido avisados de que, se desobedecessem a

195. *Gênesis 3.1-5, Bíblia Almeida Revista e Atualizada.*
196. *Gênesis 3.6, Bíblia Almeida Revista e Atualizada.*
197. *Salmo 51.5, Bíblia NVT.*
198. *Romanos 3.23, Bíblia Almeida Revista e Atualizada.*

Deus, acabariam morrendo, por causa de nossa desobediência também estamos condenados à morte: *"porque o salário do pecado é a morte, mas o dom gratuito de Deus é a vida eterna em Cristo Jesus, nosso Senhor."*[199]

Acompanhe-me no raciocínio: o que é um salário? É uma recompensa pelo que você faz por determinado tempo. Ou seja, ao pecarmos durante a nossa vida, também teremos uma terrível recompensa (nem sei se poderia chamar dessa forma): a morte eterna! A condenação dos primeiros seres humanos chega até nós. Nós merecemos morrer porque também somos pecadores.

Não sei se você percebeu, mas há um grande problema nos dois textos que lemos. Em Gênesis 2.17, Deus disse que se, o homem comesse do fruto, ele morreria no mesmo dia e ainda afirmou "com toda a certeza"! Mas, no capítulo 3.6, o diabo falou que eles poderiam comer do fruto e certamente não morreriam! E agora? Qual deles está certo? Deus ou o príncipe das trevas? Quem mentiu? Deus mentiu? Não, Ele não mente! O diabo falou a verdade? Mas ele não é o pai da mentira? Vamos deixar essa pergunta ainda mais complicada... Atente-se a este verso: *"Os dias todos da vida de Adão foram novecentos e trinta anos; e morreu."*[200]

Veja, Adão não morreu no dia em que comeu do fruto! Como entender isso? Eu sei, eu sei, fizemos muitas perguntas durante este capítulo, mas agora queremos dar a melhor resposta, para acalmar seu coração e mostrar que Deus tem uma importante lição de poder para as nossas vidas! De fato, Adão e Eva não morreram ao comerem o fruto, por mais que isso até pudesse ter acontecido, por mais que merecessem. E fique tranquilo: nem Deus mentiu, nem o diabo falou a verdade. O que aconteceu é que Deus demonstrou todo o seu amor e compaixão pela humanidade no primeiro dia em que a maldade entrou em nosso mundo! Em Gênesis 3, vemos o relato de que, assim que Adão e Eva pecaram, perceberam que estavam nus e se esconderam. Deus sai em busca deles...

Perceba que Adão e Eva não buscaram a Deus, Deus foi quem buscou a humanidade caída. E foi Deus quem os questionou: "Onde vocês estão?" Eles responderam que se esconderam de Deus, pois perceberam sua condição. Deus continuou: "Vocês se lembram de que pedi para não comerem do fruto? Vocês, ainda assim, comeram. Agora precisam morrer". Imagine: você está face a face com Deus e Ele fala que você morrerá. O que você faria? Eu começaria a chorar e, de joelhos, pediria misericórdia! Não quero morrer! Quem quer morrer? Imagino Adão olhando para Eva, para o mundo à sua volta, vendo a beleza da criação e clamando a Deus: "Não quero morrer!" Deus, então, responde: "Se você não quer morrer para expiar o seu pecado, nem tampouco sua mulher, alguém terá que morrer". E nesse dia, Deus morreu. Ele morreu através de um simbolismo que apontaria para Jesus Cristo e se cumpriria nEle. Este simbolismo aparece em todo o Antigo Testamento. Gênesis 3.21 diz: *"O Senhor Deus fez roupas de peles de animais para Adão e sua mulher"*. Se a roupa era de pele, significa

199. *Romanos 6.23, Bíblia Almeida Revista e Atualizada.*
200. *Gênesis 5.5, Bíblia Almeida Revista e Atualizada.*

que houve morte. Um Cordeiro morreu por Adão e por Eva. Um cordeiro inocente pagou pelo erro deles. E, a partir do dia em que o pecado entrou em nosso mundo, cada pecador sacrificava animais, que simbolizavam Alguém que viria para pagar o preço pelo pecado de uma vez por todas! No dia em que entrou o mal, entrou a solução!

Queridos, o mal começou no Céu e, não, ele não foi criado por Deus. Deus apenas permitiu que tudo isso acontecesse para provar, de uma vez por todas, que Ele estava, está e sempre estará certo. O mal não presta, porém nós ainda estamos no meio dessa Guerra. Satanás (o antigo Lúcifer) ainda batalha por nossas vidas. Ele nos faz sofrer para culparmos a Deus pela dor e nos afastarmos Dele! Portanto, não brinque com o que Deus leva a sério: a sua salvação. Como diz o verso:

> "Portanto, submetam-se a Deus. Resistam ao diabo, e ele fugirá de vocês." [201]

201. *Tiago 4.7, Bíblia NVT.*

A Inveja nos Homens
Os Nove Anéis de Poder

> "Nove ele deu a Homens mortais, altivos e grandiosos, e assim os apanhou na armadilha. Muito tempo atrás eles caíram sob o domínio do Um e se tornaram Espectros-do-Anel, sombras sob sua grande Sombra, seus mais terríveis serviçais."[202]

Como vimos no capítulo anterior, os Homens se mostraram mais fáceis de serem enredados, enganados e corrompidos pelo Inimigo. Cheios de cobiça e inveja, seus corações estavam em busca do poder e da imortalidade.

Talvez os Homens carregassem esse "fardo" desde o seu início, quando despertaram, muitas eras após o despertar dos Elfos.

Tanto os Elfos quanto os Homens eram filhos de Eru Ilúvatar, mas os Elfos foram criados primeiro e, por isso, foram chamados de Primogênitos. Já os Homens foram chamados de Segundos Filhos.

Os Homens tinham a Sina (Dádiva) diferente dos Elfos. Os Elfos eram imortais, não morreriam por doença, nem pestilência (apenas por algum ferimento grave) e sua sabedoria crescia de Era em Era. Já os Homens eram mais frágeis, morriam mais facilmente por arma ou acidente, tinham mais dificuldade de se curar, estavam sujeitos a doença e a muitos males e, por fim, envelheciam e morriam.

Por isso, devido a tais diferenças, a inveja chegou a subir aos corações de ambas as raças. O misterioso destino dos Homens após a morte era um pesar e uma inveja para os Elfos imortais. Porém, a imortalidade e sabedoria dos Elfos eram muito mais invejadas pelos Homens.

A maioria das vezes em que a inveja é citada está ligada ao Inimigo, a Melkor, pois a inveja é um desgosto, um amargor provocado pela felicidade ou prosperidade alheia, é o desejo de possuir ou usufruir o que é de outrem. Por isso, quase todos os atos de Melkor foram provocados pela inveja a Deus, aos Valar e aos Elfos. Como a essência de Melkor está ligada à Terra, pois o mundo todo está sob o poder ou influência do Maligno, as raças desse mundo também estão sujeitas à inveja.

202. TOLKIEN, J.R.R. A Sociedade do Anel. Rio de Janeiro: Harper Collins Brasil, 2019, p. 104.

Assim, Sauron enganou os Homens, fisgando-os pela inveja e ganância. Após tomar muitos Anéis de Poder, começou a distribuí-los a outros povos da Terra-média, esperando, assim, atrair para sua influência todos os que desejassem um poder secreto maior do que o atribuído à sua espécie.

Então, Sauron deu aos Homens os Nove Anéis de Poder, pois se mostraram os mais propensos a se submeterem à sua vontade, devido ao mal despertado em seus corações. Ainda com maior facilidade, Sauron também perverteu todos os anéis que controlava, por ter participado de sua confecção. Esses anéis eram amaldiçoados e acabavam por trair todos os que os usavam.

O interessante é que os Homens seduzidos pelo poder e pelas armadilhas de Sauron possuíam renome e eram grandes senhores e reis. Dos Nove, sabemos que três eram grandes senhores de raça númenóreana, um deles era o Rei-bruxo de Angmar e chefe dos Espectros-do-Anel. Outro era chamado de Khamûl, a Sombra do Leste. Mesmo após a Queda de Númenor (prova do erro de seu Rei e de que Sauron era o enganador), o mal ainda habitava nos corações daqueles que Sauron havia corrompido com suas mentiras, tanto Númenóreanos, quanto Lestenses.

Inicialmente, porém, os Nove Anéis de fato aumentaram as habilidades de seus portadores e lhes conferiram algum poder, além de glória e grande riqueza.

> "Aqueles que usavam os Nove Anéis se tornaram poderosos em seus dias, reis, feiticeiros e guerreiros de outrora. Obtiveram glória e grande riqueza, mas isso se revelou sua desdita. Tinham, ao que parecia, vida interminável, mas a vida se tornou insuportável para eles. Podiam caminhar, se quisessem, sem ser vistos por todos os olhos neste mundo sob o sol, e podiam ver coisas em mundos invisíveis para homens mortais; mas mais frequentemente contemplavam apenas os espectros e as ilusões de Sauron."[203]

de Poder, todos os Nove Espectros-do-Anel foram destruídos, juntamente com seu mestre, Sauron. O próprio Senhor dos Nazgûl (Rei-bruxo de Angmar) foi morto por Éowyn, a sobrinha do Rei Théoden (com a ajuda do Hobbit Merry).

É sobre esta trama que, muito provavelmente, a série da Amazon *Os Anéis de Poder* será desenvolvida: o grande engano de Sauron para confundir os possíveis eleitos, já que o vilão tinha inveja do poder dos Elfos. Como já mencionamos, a cosmovisão cristã teve grande influência no desenvolvimento das obras de Tolkien, e é impossível não traçarmos várias comparações bíblicas entre esse engano construído pelo inimigo da história, Sauron; afinal, o Inimigo de Deus também fez e faz de tudo para enganar os eleitos! O termo técnico, no meio teológico, sobre os enganos de Satanás é "contrafação", que seria o engano, obviamente, assim como falsificação, imitação de forma fraudulenta, simulação, mentiras, disfarce e uso inapropriado e ilegal de algo.

E, já que os Homens são mais fáceis de se enredar nestes enganos maléficos, quero apresentar a maior contrafação que nosso Inimigo planeja fazer, para que você fique preparado. Não quero ser taxativo, mas esta é uma das contrafações que mais me preocupa. Talvez você até já tenha ouvido sobre ela, mas poucos sabem explicar, através da Bíblia, quando e como ela irá acontecer. O texto mais básico para entendermos as contrafações do Inimigo de Deus é Mateus 24.24: *"Porque surgirão falsos cristos e falsos profetas, e farão tão grandes sinais e prodígios que, se possível fora, enganariam até os escolhidos".*[204]

Essa é a estratégia do inimigo: enganar os escolhidos. Perceba que é uma estratégia muito bem feita porque ele, inclusive, opera grande sinais e prodígios, aplicando suas táticas para nos enganar. A Bíblia diz que os escolhidos, ou seja, aqueles que já conhecem a Deus, chegarão a ser enganados, mas por quê? Porque, ao olharmos para Satanás, ele se parecerá com Cristo. Lembre-se: falsos profetas e falsos cristos (como em Mateus 24.4-5, 23-26).

Vamos nos aprofundar sobre isso: se Satanás aparecesse agora diante de nós, dizendo "eu sou Cristo" e começasse a curar, parando tempestades, como saberíamos se ele é realmente quem diz ser? Por isso, para não sermos enganados, precisamos estar afiados em nossos estudos da Palavra. Se você ler o capítulo 24 de Mateus, perceberá que o único sinal que Jesus enfatiza sobre o tempo do fim é: tentarão enganar vocês (veja verso 4, 11 e 24). E o que Satanás fará para isso? Ele imitará o próprio Jesus (personificará um falso cristo). Pense comigo: onde Jesus está agora? No Céu, óbvio. E como ele imitará a Cristo? Através da Sua promessa de voltar para nos buscar. A nossa maior esperança também ganhará uma imitação. Um engano.

Essa será a contrafação mais perigosa que nosso inimigo fará. Por isso, Jesus nos avisa tanto em seu sermão profético, em Mateus 24. Não se esqueça: o engano vai ser tão forte que, se possível, confundirá até os escolhidos. Não explicarei este tema apenas com alguns versos. Demonstrarei como ele também é presente em outros trechos bíblicos. Veja comigo Apocalipse 16:12-15:

204. Mateus 24.24. Bíblia Almeida Revista e Corrigida.

> "O sexto anjo derramou a sua taça sobre o grande rio Eufrates, e secaram-se as suas águas para que fosse preparado o caminho para os reis que vêm do Oriente. Então vi saírem da boca do dragão, da boca da besta e da boca do falso profeta três espíritos imundos semelhantes a rãs. São espíritos de demônios que realizam sinais milagrosos; eles vão aos reis de todo o mundo, a fim de reuni-los para a batalha do grande dia do Deus todo-poderoso."
> "Eis que venho como ladrão! Feliz aquele que permanece vigilante e conserva consigo as suas vestes, para que não ande nu e não seja vista a sua vergonha."[205]

O verso 15 deixa muito claro este contexto bíblico: "Eis que venho como ladrão!" Ou seja: a volta de Jesus! Jesus está dizendo que Ele vem sem demora, mas que, um pouco antes de sua volta, aconteceria o que interpretaremos agora.

Reforcemos apenas que, para entender o livro do Apocalipse, devemos deixar a Bíblia interpretar a si mesma. Os símbolos estão presentes em suas páginas e é a ela que devemos recorrer. Quando estudamos o livro do Apocalipse, precisamos ter em mente que a grande maioria dos seus símbolos foram tirados do Antigo Testamento. Na verdade, os eruditos estão de acordo que, dos 404 versos do Apocalipse, 278 contém referências ou alusões diretas ou indiretas. O Apocalipse é o eco do Antigo Testamento. Com isto em mente, vamos à interpretação. O verso 12 diz: *"O sexto anjo derramou a sua taça sobre o grande rio Eufrates, e secaram-se as suas águas para que fosse preparado o caminho para os reis que vêm do Oriente".*

Alguns estudiosos interpretam o trecho: "os reis que vêm do Oriente" como sendo algo relacionado à China, já que este é um País que está crescendo a cada dia, tendo a segunda maior economia do mundo. Mas veja: João escreveu seu livro sem nem saber da existência deste País. A pergunta que fica é: o que o rio Eufrates tem a ver com a China de hoje? Podemos interpretar assim?

Lembrem-se: de onde precisamos tirar as interpretações de Apocalipse? Da própria Bíblia, geralmente do Antigo Testamento. E em qual livro do Antigo Testamento mais encontramos os símbolos do Apocalipse? Em Daniel!

Você consegue se lembrar de algum relato de Daniel que se refira à "secagem de águas"? Na verdade, esta informação não aparece precisamente no livro de Daniel (nele temos apenas um pequeno relato do que aconteceu). Em Daniel 5, vemos que o rei Belsazar deu uma grande festa. Enquanto a festa acontecia, ele mandou trazerem os utensílios que, para os judeus, eram sagrados e beberam vinho com os objetos santos. Deus não deixou esta atitude impune e, na mesma hora, uma mão apareceu e escreveu algo na

205. Apocalipse 16:12-15, Bíblia NVI.

parede. A mãe do rei lembrou-se de Daniel (agora com uns 80 a 90 anos) e ele, com a ajuda de Deus, interpretou a escrita.

> "Esta é a interpretação daquilo: MENE: Contou Deus o teu reino e deu cabo dele. TEQUEL: Pesado foste na balança e achado em falta. PERES: Dividido foi o teu reino e dado aos medos e aos persas. Então, mandou Belsazar que vestissem Daniel de púrpura, e lhe pusessem cadeia de ouro ao pescoço, e proclamassem que passaria a ser o terceiro no governo do seu reino. Naquela mesma noite, foi morto Belsazar, rei dos caldeus. E Dario, o medo, com cerca de sessenta e dois anos, se apoderou do reino."[206]

Na mesma noite em que o rei Belsazar profanou os utensílios sagrados, Dario, o medo (com 62 anos), invadiu a Babilônia. Enquanto esta história acontecia, o general do exército medo-persa estava junto ao portão neste exato momento. Ele havia desviado as águas do Eufrates (que cortavam a cidade de Norte a Sul). Belsazar sabia disso, mas não se importava. A cidade era cercada por muros, alguns com até 30 metros de altura, sem contar as Torres de defesa. Suas portas eram de bronze. Belsazar achava que nunca conseguiriam invadir a sua cidade, porém a Babilônia foi invadida e teve que se render.

Agora, então, um dos maiores problemas deste texto (Daniel 5) será descobrir quem foi este "Dario". Temos pouquíssimas informações a seu respeito. Sabemos que ele foi constituído rei sobre o reino dos caldeus (Daniel 9.1), mas Ciro o sucedeu ou reinou com ele ao mesmo tempo: *"Daniel, pois, prosperou no reinado de Dario e no reinado de Ciro, o persa."*[207]

A maioria dos estudiosos defende que Dario tinha outro nome. Muito provavelmente ele era chamado de Gobrias, que foi um general de Ciro. Depois desta conquista, tornou-se um governador e não um rei. Na verdade, ele e Ciro, conjuntamente, foram aqueles que que invadiram a Babilônia. O que mais nos chama a atenção é que isso já estava profetizado. Inclusive, Deus chega a dar o nome do libertador:

> "Assim diz o SENHOR, que te redime, o mesmo que te formou desde o ventre materno: Eu sou o SENHOR, que faço todas as coisas, que sozinho estendi os céus e sozinho espraiei a terra; que desfaço os sinais dos profetizadores de mentiras e enlouqueço os adivinhos; que faço tornar atrás os sábios, cujo saber converto em loucuras; que confirmo a palavra do meu servo e cumpro o conselho dos meus mensageiros; que digo de Jerusalém: Ela será habitada; e das

206. Daniel 5.26-31, Biblia Almeida Revista e Atualizada.
207. Daniel 6.28, Biblia Almeida Revista e Atualizada.

cidades de Judá: Elas serão edificadas; e quanto às suas ruínas: Eu as levantarei; que digo à profundeza das águas: Seca-te, e eu secarei os teus rios; que digo de Ciro: Ele é meu pastor e cumprirá tudo o que me apraz; que digo também de Jerusalém: Será edificada; e do templo: Será fundado. Assim diz o SENHOR ao seu ungido, a Ciro, a quem tomo pela mão direita, para abater as nações ante a sua face, e para descingir os lombos dos reis, e para abrir diante dele as portas, que não se fecharão."[208]

Deus profetizou que o povo seria libertado através de Ciro, e que isto aconteceria através do secamento do rio Eufrates. Voltemos, agora, ao texto de Apocalipse 16.12. João nos fala que as águas de qual rio secaram? Do rio Eufrates! O que João está fazendo? Uma alusão à libertação do povo judeu do cativeiro babilônico, por meio de Ciro. Quando João escreveu este texto, os judeus que o leram já conseguiam fazer essa ligação. Era disso que João estava falando.

Mas por que João está fazendo isso? O cativeiro egípcio e o cativeiro babilônico são frequentemente citados por João no Apocalipse. João utiliza-se de histórias muito relevantes na realidade dos hebreus para escrever seu livro. As sete pragas são parecidas com as pragas que Deus mandou contra os egípcios. Por que isso? Tanto o cativeiro babilônico quanto o egípcio são tipificações da libertação dos últimos dias, por ocasião da volta de Jesus.

Vemos um povo cativo esperando o libertador na época do Egito. Vemos um povo cativo esperando o libertador na época da Babilônia e hoje temos um povo cativo esperando o libertador nas épocas atuais. Quem foi o libertador? Na época do Egito foi Moisés, na Babilônia foi Ciro e em nosso tempo será Jesus Cristo!

Lembre-se: Ciro era do Oriente e veio de lá, junto com o exército dos medos e dos persas. Por isso João fala sobre o caminho "dos reis que vem do lado do Oriente", ou seja, os libertadores. Tudo o que é de Deus, na Bíblia, vem do Oriente e tudo que é do diabo vem do Norte. O jardim do Éden estava no Oriente, os reis vêm do Oriente, Jesus nasceu no Oriente (Lucas 1.78), o Messias voltará pelo lado do Oriente, e o santuário também estava virado para o Oriente.

Na época dos cativeiros, o povo esperou o libertador. O nosso libertador não será Moisés ou Ciro, o nosso libertador é Deus, é Cristo. O rei que virá do oriente é Jesus Cristo: *"Porque, assim como o relâmpago sai do oriente e se mostra até no ocidente, assim há de ser a vinda do Filho do Homem"*.[209]

O contexto da sexta praga é a libertação do povo de Deus no tempo do fim. Como ela acontecerá? Por meio da volta de Jesus. João está falando de um assunto que eles

208. Isaias 44.24-28 e 45.1, Bíblia Almeida Revista e Atualizada.
209. Mateus 24.27, Bíblia Almeida Revista e Atualizada.

bem entendiam. Todas essas histórias estavam vivas na mente dos hebreus. Assim como foi na Babilônia, será agora no tempo do fim. Quando o mundo estiver oprimido, de repente, o rio do mundo vai secar para a chegada do Rei que vem do Oriente. E em qual outro contexto isso acontece?

Acontece também em um contexto de imitação, mais uma das contrafações do inimigo de Deus, a qual chamo de "o último engano de Satanás": *"Então, vi sair da boca do dragão, da boca da besta e da boca do falso profeta três espíritos imundos semelhantes a rãs".*[210]

O verso 12 menciona a volta de Jesus (o libertador do Oriente), mas pergunto: como isso acontecerá se ainda estamos no período das pragas? O que temos aqui é, novamente, uma imitação, um engano, uma contrafação de Satanás. Ele está imitando a volta de Jesus. Assim como todos esperam algo semelhante ao antigo resgate, Satanás fará algo parecido para enganar os próprios eleitos de Deus. Veja o verso 14: *"porque eles são espíritos de demônios, operadores de sinais..."*.

Esse é o mesmo espírito de Mateus 24.24! Espíritos de demônios operando falsos sinais e milagres para nos enganar. Neste ponto, pode aparecer uma pergunta em nossa mente: "Por que rãs? Por que esses espíritos são semelhantes a rãs?" Existem interpretações sobre o tamanho da língua das rãs. Sendo assim, os espíritos de demônios seriam espíritos de fofoca. O que você acha? Cuidado com as fofocas!

Prossigamos lembrando que João busca sua simbologia no Antigo Testamento. Onde vemos rãs como pragas? Creio que você deve se lembrar de algo: Moisés no Egito! As rãs foram a segunda praga do Egito. Cada praga desmentia a existência de um deus egípcio. Existia um deus cuja representação era uma mulher com cabeça de rã, a deusa Heket, deusa da criação e do nascimento. As rãs eram sagradas e os egípcios não podiam matá-las. A segunda praga do Egito mostrava que era Jeová, e não Heket, quem realmente controlava as rãs.

Qual a ligação entre a praga das rãs e o Apocalipse? A praga das rãs é o último sinal possível de ser imitado pelos magos do rei. É a última imitação feita pelos espíritos enganadores. Depois das rãs, os magos do Egito não conseguiram imitar mais nada. Em outras palavras, as rãs foram o último engano nas pragas do Egito (Êxodo 8) e será o último engano antes da volta de Jesus. Essa será a última cartada de Satanás, seu último engano.

Agora um alerta: no Antigo Testamento vemos que a praga das rãs caiu também sobre o povo de Israel. Ou seja, o último engano cairá sobre todos! Satanás se dirigirá aos reis e pessoas deste mundo com um último engano e enganará, se possível, os próprios eleitos de Deus.

210. Apocalipse 16.13, Bíblia Almeida Revista e Atualizada

Agora o último detalhe: por que são 3 espíritos imundos? Por que não um super espírito? Cinco? Ou seis? Lembre-se de que Satanás está imitando a Cristo. No capítulo 14 de Apocalipse, vemos que Deus está falando ao mundo através de três anjos. Neste capítulo, temos as três mensagens angelicais. Os três espíritos semelhantes às rãs são uma contrafação desta tríplice mensagem angelical. De todas as formas, o Inimigo tentará nos enganar. Por isso, precisamos estar preparados: *"Eis que venho como vem o ladrão. Bem-aventurado aquele que vigia e guarda as suas vestes, para que não ande nu, e não se veja a sua vergonha".*[211]

Quando Jesus voltar, será como um "ladrão", ou seja, de surpresa. Ele apenas resgatará os que pertencem a Ele e irá embora,[212] na sequência. Cristo não vem fazendo sinais, eles acontecem antes de Sua volta - e não durante.

Jesus não pisará mais nesta Terra; não ficará aqui pregando, curando ou fazendo algo mais. Ele aparecerá no Céu e nos levará embora. Não pense que o engano dos últimos tempos será fácil de ser superado. Muitos escolhidos serão enganados. Sendo assim, o próprio Cristo nos dá o segredo para não sermos confundidos, que é vigiar e guardar as nossas vestes - não nos deixarmos corromper pelo mundo. Precisamos vigiar. Precisamos estar prontos para não sermos enganados pelas contrafações do Inimigo de Deus. Que estejamos preparados para a volta de Jesus! Diante disto, tentaremos desmascarar para você o último engano de nosso Inimigo.

Assista o vídeo:
"Os Nove Anéis de Poder"

211. Apocalipse 16.15, Bíblia Almeida Revista e Atualizada
212. Para listar todos os detalhes, recomendo a leitura de Mateus 24.

A Cobiça dos Anãos Tesouros

"Sete anéis deu aos Anãos [...] Os Anãos, de fato, mostraram-se vigorosos e difíceis de domar; pois pouco suportam a dominação da parte de outrem, e os pensamentos de seus corações são difíceis de vasculhar, nem podem eles ser transformados em sombras. Usaram seus anéis apenas para a obtenção de riqueza; mas a ira e uma cobiça desmesurada por ouro acenderam-se em seus corações, das quais depois veio suficiente mal para o proveito de Sauron."[213]

Como foram criados pelo ferreiro Aüle, que foi por um tempo mestre de Sauron, os Anãos herdaram de seu criador a arte da forja, engenho e lapidação, queimando em seus corações o desejo por encontrar joias, gemas e outras preciosidades que jaziam no fundo de Arda (Terra).

Assim, fundaram seus Reinos, dentro de montanhas e cavernas, onde pudessem escavar e cumprir seus propósitos, criando verdadeiras obras de artes de inestimáveis valores. Foi assim que Sauron os enganou, conhecendo bem de onde vieram e o que estava enraizado em seus corações. Ofereceu-lhes os Sete Anéis de Poder, que os capacitariam a adquirir mais riquezas e glória. Os Anãos foram atraídos pela própria ambição, cobiça e ganância. Tão somente pela obtenção de riquezas, aceitaram os Sete Anéis de Poder.

Porém, o primeiro intento de Sauron não foi bem-sucedido, como lemos no começo do capítulo. Sauron não conseguiu dobrá-los à sua vontade. Os Anãos, formados da pedra, também eram duros em sua vontade e coração, rígidos como a rocha e teimosos. Entretanto, o mal que atraíram para si foi suficientemente proveitoso para Sauron. Os Anéis de Poder potencializaram seus dons e talentos, bem como uma ira e uma cobiça desmesurada por ouro e riquezas.

De fato, obtiveram incontáveis tesouros e seus Reinos prosperaram grandiosamente. Mas, o amor às riquezas atraíram demônios para os seus lares, ataques e devastações de Dragões. Foram saqueados e consumidos pelo fogo, juntamente com seus tesouros e quase todos os seus Anéis de Poder, quatro dos sete, pelo menos.

213. TOLKIEN, J.R.R. *O Silmarillion*. Rio de Janeiro: Harper Collins Brasil, 2018, p. 377 e 378.

Infelizmente, o mal não cessou de bater às suas portas e seus descendentes sofreram males semelhantes.

Uma Era após a forja dos Anéis de Poder, ainda consumidos pela ganância, os Anãos cavaram mais fundo em Moria (Khazad-dûm) [214], em busca de Mithril[215], a prata-de-Moria. Foi assim que eles despertaram, no fundo da montanha, um Balrog [216], Demônio de Poder, também conhecido como a Ruína de Durin.[217]

Esse Balrog também devastou Moria, matando seu Rei e dispersando seu povo. O Reino magnífico de Moria foi tomado de escuridão por mais de um milênio e atraiu outros demônios, os Orques[218]. Até que, por fim, uma outra geração de Anãos tentou recuperar novamente seu lar. A expedição foi liderada por Balin, descendente de Durin (ele era um dos Anãos que acompanhou Bilbo Bolseiro na aventura de *O Hobbit*). Inicialmente a colônia foi bem sucedida: um número considerável de Orques foi exterminado, o grupo tomou muitos salões e encontrou muitos tesouros perdidos. Balin chegou a ser Senhor de Moria por breve tempo, porém, cinco anos após sua entrada em Moria, foram derrotados e mortos pelos Orques. Mais uma vez, a Sombra prevaleceu e dura foi a colheita da semeadura dos Anãos.

O Balrog de Moria só foi derrotado no final da Terceira Era, quando a Sociedade do Anel passou pela escuridão de Moria. Durante sua passagem, o mago Gandalf enfrenta o Balrog, caindo com o demônio no mais profundo abismo de Khazad-dûm e lutando com ele até o mais alto pico da montanha. Gandalf, o Cinzento, sem temer se sacrificar, derrotou o mal, vindo também a desfalecer em seguida, mas ressuscitando depois como Gandalf, o Branco.

Ainda assim, após o final da Guerra do Anel, Moria permaneceu cheio de criaturas malignas até o início da Quarta Era, quando o Rei Durin VII liderou um retorno final à cidade, sendo bem sucedido. A Casa de Durin recuperou sua herança e os martelos ressoaram novamente em seus grandes salões, sob as Montanhas Nevoentas, até que a raça dos Anãos se extinguiu.

Como vimos, o grande problema que os Anãos enfrentaram tem um nome: cobiça. Vejo que nós também temos o mesmo problema! E mascaramos a questão, pois muitas vezes nem sabemos diferenciar os conceitos: cobiça, ambição, ganância... Você sabia que eles são diferentes? Comecemos pela ambição, que é um forte desejo de se obter mais riquezas ou posições. É o anseio por conquistar determinado sucesso ou objetivo. Já a ganância é o desejo exacerbado por ter ou receber mais do que os outros. Nunca o que se tem é suficiente. Por fim, a cobiça é parecida com a ambição. O problema é que a ambição é uma aspiração, já a cobiça é um desejo que vai além das suas condições, a ponto de a pessoa desejar o que não é seu. Não esqueçamos de que o décimo mandamento diz que isso é pecado:

214. Os salões de Moria estavam localizados nas Montanhas Nevoentas, mais ao Sul da Cidade-Gobelim e a Caverna do Gollum, presentes na aventura de O Hobbit.

215. O colete que Bilbo Bolseiro deu a Frodo em A Sociedade do Anel é feito de Mithril, por isso ele não foi morto quando atingido por uma lança durante sua passagem com a Sociedade por Moria.

216. Balrog de Morgoth/Melkor, um mal remanescente dos Dias Antigos.

217. Durin era o nome do Senhor dos Anãos, nessa época, Durin VI.

218. Uma raça menor em relação ao Balrog, fazendo-o seu senhor e deus.

> Não cobiçarás a casa do teu próximo. Não cobiçarás a mulher do teu próximo, nem seus servos ou servas, nem seu boi ou jumento, nem coisa alguma que lhe pertença."[219]

Esse mandamento atinge a própria raiz de todos os pecados, já que ele proíbe o desejo egoísta, do qual nasce o ato pecaminoso. A pessoa que não se recusa a ceder a um desejo pecaminoso sobre algo que pertença a outro se torna culpada de ter cometido um ato ilícito, mesmo não ferindo ninguém. Para deixar mais didático, vou demonstrar como acabamos cobiçando as coisas que não são nossas:

> De onde vêm as guerras e contendas que há entre vocês? Não vêm das paixões que guerreiam dentro de vocês? Vocês cobiçam coisas, mas não as têm; matam e invejam, mas não conseguem obter o que desejam. Vocês vivem a lutar e a fazer guerras. Não têm, porque não pedem. Quando pedem, não recebem, pois pedem por motivos errados, para gastar em seus prazeres."[220]

Quero fazer-lhe duas perguntas: Com que frequência você se compara com outras pessoas? Como você se sente quando se compara?

A maioria de nós luta com sentimentos de inadequação. Fazemos comparações imprudentes, como: "a grama do vizinho é sempre mais verde". Na Bíblia, há vários exemplos sobre isso. Caim e Abel, por exemplo, se compararam e o final desta história você já conhece... Saiba, meu querido(a) leitor(a), que você nunca ficará satisfeito(a) por dentro, enquanto estiver se comparando com o que as outras pessoas têm por fora.

A comparação é uma armadilha destrutiva. Acabamos nos vendendo para essa prisão e não conseguimos ser felizes. Por quê? Porque a comparação nos impede de termos contentamento. Facilmente sentimos que estamos perdendo algo, porque nos comparamos com outros. Mas acompanhe este raciocínio: toda comparação é injusta! Comparamos o melhor dos outros com o que temos de pior. Isso é imprudente. Estamos sempre preocupados com a vida dos outros e isso gera esse sentimento de inadequação.

Muitas pessoas querem uma vida perfeita e se perguntam "Por que não tenho isso?". Isso é distorção cognitiva. A verdadeira alegria na vida não é ter uma vida perfeita. Maravilhoso é o dia em que descobrimos a nossa singularidade. Somente você pode preencher o espaço que é só seu. Somos únicos. Criados por Deus, comprados por alto preço (1 Coríntios 7.23).

219. Êxodo 20.17, Bíblia NVI.
220. Tiago 4.1-3, Bíblia NVI.

É verdade que, em alguns momentos, nos sentiremos tristes ou em desvantagem, mas a comparação não pode nos aprisionar na cobiça e tirar nosso contentamento. A comparação também pode nos deixar orgulhosos, já que teríamos algo que outros não têm. Mas se pensarmos bem, tudo o que nós temos não é nosso, somos apenas mordomos daquilo que Deus coloca em nossas mãos.

É bom sermos reconhecidos, mas isso não pode ser o que mais nos move. É claro que receber um elogio faz bem para a autoestima, mas depender disto é exaustivo! O que ganhamos com a comparação é a amargura, mas como se libertar da comparação? Da cobiça? A base desta libertação está em Gálatas 6.4: *"Cada um examine os próprios atos, e então poderá orgulhar-se de si mesmo, sem se comparar com ninguém"* [221]. A gratidão é a base de tudo, pois, através dela, reconhecemos o que nós temos. Ela gera contentamento. Sei o que tenho e o que tenho foi Deus quem me deu. Precisamos reconhecer o que temos. Talvez você não tenha tudo que quer, mas quem disse que precisamos ter tudo? Efésios 2.10 diz que somos obra prima de Deus. Reconheça que você é obra prima d'Ele. Reconheça quem você é. Precisamos ter contentamento pelo que temos e pelo que somos... Esse é o segredo para fugir da armadilha da comparação e da cobiça!

Entenda que a visão que Deus tem sobre você é diferente da visão que você mesmo tem sobre si! Enquanto o homem vê a pedra bruta, Deus vê o diamante lapidado! Por isso, seja grato! E, por fim, torne Jesus o padrão de sua vida. Não deixe seu coração ser dominado pela cobiça, pela inveja ou pelo ciúme. Pare de se comparar e comece a se inspirar em Jesus. Não somos perfeitos, somos um trabalho em andamento! Deus está trabalhando em sua vida! Saiba que a verdadeira recompensa nesta vida não é o reconhecimento ou sucesso, mas a vida eterna.

O seu valor está em quem Deus diz que você é! Ele diz que somos incomparáveis para Ele! Deus nos fez de forma única! Essa simples afirmação precisa estar no seu coração. A vida é muito mais sobre Deus do que sobre você. Por mais que as pessoas não acreditem em você, Deus acredita! Ele nunca desistiu de você, por isso, seja grato por ser simplesmente você.

Assista o vídeo:
"Os Sete Anéis do Poder"

221. *Gálatas 6.4, Bíblia NVI.*

Consequência do Pecado nos Orques

> "Melkor fez surgir a raça hedionda dos Orques, em inveja e zombaria dos Elfos, de quem foram depois os inimigos mais amargos." [222]

Durante a Grande Escuridão, Melkor/Morgoth, o Sombrio Inimigo do Mundo, corrompeu muitas criaturas de diversas raças, entre elas, Elfos e Homens. Muitas dessas criaturas foram capturadas, torturadas, corrompidas e transformadas em Orques[223]. Mas, muitas outras, foram atraídas pelo engano de seus corações. Em muitas situações, o Inimigo usou do medo, da mentira e do desejo do coração dos Elfos e Homens, transformando-os em demônios, servos tanto de Morgoth, quanto de Sauron.

Criaturas que, antes, haviam sido criadas para um propósito dentro da vontade de Deus, foram corrompidas e seus corações se tornaram quase que completamente malignos, cheios de ódio e curvados ao pecado. Eram impiedosos e sentiam prazer em seus feitos maléficos. A aparência dos Orques era horrenda, uma deturpação da criação. Pode ser que este tenha sido o feito mais vil do Inimigo e o mais odioso aos olhos de Eru Ilúvatar.

Então, os Orques se multiplicaram sobremaneira na escuridão da terra, tornando-se fortes e cruéis, enquanto o Sombrio Inimigo do Mundo enchia-os de desejo pela devastação e morte. Em pouco tempo, se tornaram uma legião, compondo, assim, o exército do Inimigo. Entretanto, no fundo de seus corações sombrios, os Orques abominavam o seu Mestre, a quem serviam por medo e que era o criador de sua miséria. Com o passar das Eras, após lutarem muitas batalhas, os Orques se tornaram o exército principal de Sauron, lutando por ele as batalhas em *O Senhor dos Anéis*.

Apesar de poderem se multiplicar, os Orques não podiam mais desfrutar da liberdade e da felicidade, eram odiados e caçados por todos os Povos Livres. Em todo tempo, suas vidas se resumiam à escravidão, escuridão, humilhação, sofrimento, tormento, ódio e, por fim, a morte, em sua maior parte, de forma terrível.

222. TOLKIEN, J.R.R. *O Silmarillion*. Rio de Janeiro: Harper Collins Brasil, 2018, p. 82.
223. Em outras versões da mitologia de Tolkien, os Orques eram até mesmo Maiar. TOLKIEN, J.R.R. *Morgoth's Ring*. London: HarperCollinsPublishers, 2015, p. 418.

Muitos acreditam na redenção dos Orques, na reconciliação e restauração. Seria possível? Veremos no último capítulo sobre a Salvação.

> "Na minha história não lido com o Mal Absoluto. Não creio que haja tal coisa, uma vez que ela é Nula. Não creio, de qualquer modo, que qualquer "ser racional" seja completamente mau."[224]

E já que estamos abordando o fato de existirem consequências, tanto para o que fazemos de bom, quanto para o que fazemos de mal, cremos que seria importante definirmos um conceito que muitas pessoas estão adotando sem entender, de fato, o que ele é. Estamos falando do niilismo. Você sabe o que é niilismo? Uma definição seria: "A desvalorização e a morte do sentido, a ausência de finalidade e de resposta ao porquê". Ser niilista é exatamente renegar o "porquê" das coisas, é não se importar com as respostas ou não procurar por elas. Ou seja, tudo na vida se reduz a praticamente nada.

Como o niilismo sustenta a crença no nada, o prazer e a alegria passam a ser o principal objetivo de vida. Para um niilista, não há juízo final, nem inferno, consequência de pecados, ou seja, nenhuma ação traria reflexo na eternidade. A essência do pensamento é: *"comamos e bebamos, porque amanhã morreremos"*![225] Pessoas que querem desfrutar dos prazeres deste mundo sem medo das consequências.

E, quando vejo cenas que "pregam" este conceito, assim como no exemplo dos do Orques, não há como me esquecer de uma das expressões que mais escutamos da boca de adolescentes e jovens: "ah, isso não dá nada". Nada? Já ouviu ou falou isso? Vejo que, infelizmente, muitos cristãos têm acreditado neste conceito do niilismo (até sem se darem conta). Eu os chamaria de "Cristãos Niilistas". É lógico que os dois conceitos não combinam, mas existem cristãos que vivem suas vidas como niilistas, sem se preocuparem com nada, sem pensarem em consequência alguma e isso é preocupante.

Mesmo após terem deixado práticas erradas, alguns voltam ao erro, afinal de contas "... ah, isso não dá nada!". Muitos deixam de lado o que já aprenderam sobre certo e errado. Quer mais exemplos? "Já que vai demorar para morar no Céu, podemos ter a melhor vida possível aqui nessa Terra! Vamos ter a vida mais confortável possível, vamos comprar, comprar e comprar coisas! Vamos consumir e pensar apenas com o aqui e agora! Ajudar as pessoas? Ah, isso não é problema meu! Ah, beber até cair ou comer muita fritura faz mal para a saúde? Um dia ga-

224. *CARPENTER, H. As cartas de J.R.R. Tolkien. Curitiba: Arte e Letra, 2006, p. 234*
225. *1 Coríntios 15.32, Bíblia NVI.*

nharei um corpo novo, então não preciso cuidar desse! Já que essa Terra será reconstruída, por que cuidar dela agora?"

Para um verdadeiro cristão, este não é o real objetivo, pois sabemos que a nossa vida é passageira: *"O homem é como um sopro; seus dias são como uma sombra passageira"*[226]. Você pode, sim, curtir a vida, mas sem deixar de fazer as coisas que agradam a Deus. Nunca se esqueça: existem consequências para os nossos erros! Por mais que possamos fazer várias coisas, nem todas convêm (1 Coríntios 6.12). Ao colocarmos em prática o princípio de fazer o certo, então cresceremos mais e mais como cristãos! Afinal, tudo o que fazemos trará uma consequência. Lembre-se: você também foi criado com um propósito dentro da vontade de Deus. Sei que nosso mundo está em trevas e também sofre de forma terrível. Por isso, Deus quer nos usar como uma luz que brilha e faz a diferença hoje, porque o que fazemos, sim, importa! Que o seu "não dá nada" mude para "o meu tudo para Ele".

226. Salmo 144.4, Bíblia NVI.

Parte 3

Cristo em O Senhor dos Anéis

Até agora vimos diversas aplicações de exemplos morais dos personagens dentro do universo de Tolkien. Porém, entendemos que Cristo é o personagem principal, o grande Protagonista da Bíblia, por isso decidimos dedicar toda uma parte deste livro para explicarmos como alguns personagens da trama mostram características (não apenas lições) de Cristo.

No Israel do Antigo Testamento, existiam três formas primárias de liderança: profeta, sacerdote e rei. Geralmente essas formas ou ofícios eram exercidos por pessoas diferentes. Cristo, porém, cumpriu todas elas.

Nas palavras do cardeal John Henry Newman, em seu livro *The Three Offices of Christ*:

> "Cristo exerceu seu ofício profético ao ensinar e predizer o futuro - em seu Sermão da Montanha, em suas parábolas, em sua profecia da destruição de Jerusalém. Ele realizou o serviço de sacerdote quando morreu na cruz, como sacrifício; e quando consagrou o pão e o cálice para ser uma celebração em relação a esse sacrifício; e agora que intercede por nós à destra de Deus. E ele se mostrou como um conquistador, e um rei, ao levantar-se dentre os mortos, ao ascender aos céus, ao enviar o Espírito de graça, ao converter as nações, e ao formar sua igreja para recebê-la e reinar sobre ela."[227]

As Imagens do Tríplice Ofício de Cristo em *O Senhor dos Anéis* é o principal tema da obra de Philip Ryken[228], *O Messias Vem à Terra-média*.

O livro de Ryken foi o fruto acadêmico da série inaugural do Leitorado Hansen, em 2015/2016, proferida pelo próprio Ryken no Centro Marion E. Wade[229]. Este volume explora as riquezas da imaginação teológica de Tolkien. Nos personagens de Gandalf, Frodo e Aragorn, Ryken percebe ecos do tríplice ofício de Cristo - seus papéis profético, sacerdotal e régio.

Usaremos como base e referência a obra de Ryken para explorar os ofícios de Cristo em *O Senhor dos Anéis*, porém, utilizando outros exemplos não explorados em *O Messias Vem à Terra-média* e acrescendo uma característica de Cristo, Sábio.

227. RYKEN, PHILIP. *O Messias Vem à Terra-média. Brasília: Editora Monergismo, 2018, p. 27. "Christ exercised His prophetical office in teaching, and in foretelling the future;—in His sermon on the Mount, in His parables, in His prophecy of the destruction of Jerusalem. He performed the priest's service when He died on the Cross, as a sacrifice; and when He consecrated the bread and the cup to be a feast upon that sacrifice; and now that He intercedes for us at the right hand of God. And He showed Himself as a conqueror, and a king, in rising from the dead, in ascending into heaven, in sending down the Spirit of grace, in converting the nations, and in forming His Church to receive and to rule them."*

228. *Philip Graham Ryken é um teólogo americano, ministro presbiteriano e administrador acadêmico. Ele é o oitavo e atual presidente do Wheaton College em Wheaton, Illinois (EUA).*

229. *O Marion E. Wade Center no Wheaton College, está localizado em Illinois (EUA) e é um centro de pesquisa que possui uma coleção especial de pesquisa de artigos, livros e manuscritos, principalmente relacionados a sete autores do Reino Unido: C.S. Lewis, J.R.R. Tolkien, G.K. Chesterton, Dorothy L. Sayers, Charles Williams, Owen Barfield e George MacDonald.*

Profeta "Gandalf"

> "...seus emissários estavam proibidos de se revelar em formas de majestade, ou de procurar dominar as vontades dos Homens ou dos Elfos através da demonstração aberta de poder, mas, vindos em formas débeis e humildes, tinham a incumbência de aconselhar e persuadir os Homens e os Elfos para o bem, e procurar unir no amor e na compreensão todos aqueles que Sauron, caso retornasse, tentaria dominar e corromper." [230]

Assim como os profetas bíblicos tinham como principal ofício serem mensageiros de Deus (porta-vozes), aconselhando, influenciando, consolando, guiando o povo e, até mesmo, denunciando o pecado, assim também podemos ver este ofício sendo desenvolvido em Gandalf.

Como citado no capítulo sobre a Humildade, Gandalf foi enviado pelos Valar, com o propósito de aconselhar, persuadir, unir para o bem (e em amor) os Povos Livres da Terra-média.

Assim como fizeram os profetas do Antigo Testamento[231] até João Batista, Jesus também teve o ofício profético enquanto esteve encarnado na Terra. Ele aconselhou, ensinou, curou, exortou e conduziu o povo à vontade de Deus, amando, até mesmo, o pior dos pecadores e o menor dentre os homens. Ele era, de fato, um porta-voz do Céu.

Durante o tempo em que Jesus esteve fisicamente entre a humanidade, operou muitas maravilhas, curas e sinais, mas também dedicou muito tempo à mensagem vinda diretamente do Pai, mais especificamente o Evangelho do Reino de Deus. Tanto é que, indiferente de credo, seu sermão mais conhecido, "As bem aventuranças" é citado e memorizado por milhares e milhares de pessoas (o Sermão da Montanha está presente nos capítulos 5, 6 e 7 do Evangelho de Mateus).

Além de trazer essas mensagens às multidões, Jesus também aconselhava, influenciava e libertava as pessoas em particular, como fez com Nicodemos[232] e com a mulher Samaritana.[233]

Semelhantemente, Gandalf teve muitos momentos em que seus conselhos e direcionamentos foram cruciais para que o Bem operasse.

230. TOLKIEN, J.R.R. Contos Inacabados. Rio de Janeiro: Harper Collins Brasil, 2020, p. 514 e 515.

231. Se quiser saber mais sobre eles, segue uma listinha: Enoque (Gênesis 5:21-24; Judas 1:14), Noé (Gênesis 9: 25-27), Abraão (Gênesis 20:7), Jacó (Gênesis 49:1), Moisés (Deuteronômio 18:18), Miriã (Êxodo 15:20), Débora (Juízes 4:4), Samuel (1 Samuel 3:20), Gade (1 Samuel 22:5; 1Crônicas 29:29), Natã (2 Samuel 7:2; 12:1; 1Reis 1:10), Zadoque (2 Samuel 15:27), Jedútum (2 Crônicas 35:15), Aías (1 Reis 11:29; 12:15; 2 Crônicas 9:29), Semaías (1 Reis 12: 22; 2 Crônicas 11:2; 12:7), Ido (2 Crônicas 9:29, 12:15), Azarias, filho de Odede (2 Crônicas 15:1-7), Hanâni (2 Crônicas 16:7-10), Jeú, filho de Hanâni (1 Reis 16:1-7, 2 Crônicas 19:2, 20:34), Micaías filho de Inlá (1 Reis 22:8-2), Elias (1 Reis 17:1), Joel (Joel 1:1; Atos 2:16), Eliseu (1 Reis 19:16), Jonas (2 Reis 14:25; Jonas 1:1; Mateus 12:39-41;16:4; Lucas 11:29-30), Isaías (2 Reis 19,20. 2 Crônicas 26:22; 32:20-32; Isaías 1:1), Oseias (Oseias 1:1), Amós (Amós 1:1; 7:14-15), Odede (2 Crônicas 28:9), Miqueias (Miqueias 1:1), Sofonias (Sofonias 1:1), Hulda (2 Reis 22:14), Obadias (Obadias 1:1), Naum (Naum 1:1), Habacuque (Habacuque 1:1), Jeremias (2 Crônicas 36:12, 21, Jeremias 1:1-2), Ezequiel (Ezequiel 1:3), Daniel (Daniel 12:11, Mateus 24:15), Ageu (Esdras 5:1; Esdras 6:14, Ageu 1:1), Zacarias (Zacarias 1:1) e Malaquias (Malaquias 1:1).

232. João 3.1-21.

233. João 4.1-26.

Desde sua participação na Demanda de Erebor, em *O Hobbit*, Gandalf exerceu seu ofício. Ele esquematizou toda a demanda, tendo como objetivo principal a destruição do mal na Montanha Solitária, a saber, o dragão Smaug. Nessa demanda, além de ser um grande conselheiro e consolador, também expôs o Inimigo e encorajou os povos de bem a enfrentá-lo.

Já em *O Senhor dos Anéis*, seus atos proféticos foram essenciais para a derrota do Senhor Sombrio. Além de fazer parte do conselho dos Sábios (O Conselho Branco), Gandalf foi o primeiro a descobrir que o Anel de Bilbo era o Um Anel de Poder, aconselhando-o a deixá-lo para seu sobrinho, Frodo Bolseiro. Também deu ao jovem alguns direcionamentos e recomendações enquanto também buscava mais respostas sobre o Um Anel.

Como figura profética de Cristo, Gandalf igualmente confrontou falsos profetas. À semelhança do ocorrido entre o profeta Elias e os profetas de Baal[234], Gandalf enfrentou Saruman, o chefe de sua ordem, que também deveria cumprir um chamado profético, mas debandou para o lado das Trevas. Gandalf foi feito prisioneiro, mas por fim, conseguiu escapar, para continuar a sua missão. Entretanto, esse não seria o último confronto entre Gandalf e Saruman.

Posteriormente, Gandalf também fez parte do Conselho de Elrond, no qual foi decidido o destino do Um Anel, assim como compôs a Sociedade do Anel, agregando muito na Comitiva.

Outra semelhança de Gandalf com os profetas e Jesus foi sua aparência e estilo de vida. O mago não tinha aparente beleza ou majestade:

> “Ele cresceu diante dele como um broto tenro e como uma raiz saída de uma terra seca. Ele não tinha qualquer beleza ou majestade que nos atraísse, nada havia em sua aparência para que o desejássemos."[235]

Sua aparência era de um velho de vestes gastas, um andarilho:

> “As roupas de João eram feitas de pelos de camelo, e ele usava um cinto de couro na cintura. O seu alimento era gafanhotos e mel silvestre.[236]
>
> Eles responderam: “Ele vestia roupas de pelos e usava um cinto de couro”. O rei concluiu: “Era o tesbita Elias”.[237]

234. *Você pode ver mais detalhes dessa história em 1 Reis 18.*
235. *Isaías 53.2, Bíblia NVI.*
236. *Mateus 3.4, Bíblia NVI.*
237. *2 Reis 1.8, Bíblia NVI.*

O mago não fazia questão de honrarias, banquetes e nem tinha moradia ou bens:

> "Jesus respondeu: 'As raposas têm suas tocas e as aves do céu têm seus ninhos, mas o Filho do homem não tem onde repousar a cabeça.'" [238]

Em sua passagem pela já citada Moria, Gandalf enfrenta um demônio poderoso, caindo com o Balrog nas mais profundas trevas de Khazad-dûm e lutando com ele até o mais alto pico da montanha. Gandalf, o Cinzento, derrotou o mal, vindo também a desfalecer em seguida:

> "Os que olhavam de longe pensaram que a montanha estava coroada de tempestade. Ouviram trovão, e os raios, disseram, atingiram Celebdil e ressaltaram rompidos em línguas de fogo. Isso não basta? Uma grande fumaça ergueu-se ao nosso redor, névoa e vapor. O gelo caiu como chuva. Derrubei meu inimigo, e ele caiu da altura e fraturou o flanco da montanha onde o atingiu em sua ruína. Então a escuridão me dominou, e perdi-me fora do pensamento e do tempo, e vaguei longe em estradas que não contarei."[239]

Após vagar longe por estradas sem fim, ressuscitou como Gandalf, o Branco.

> "Nu fui mandado de volta — por breve tempo, até minha tarefa estar concluída. E nu jazi no topo da montanha. A torre atrás de mim desfizera-se em pó, a janela se fora; a escada arruinada estava obstruída com pedras queimadas e quebradas. Eu estava só, esquecido, sem escape sobre o duro chifre do mundo. Ali fiquei deitado, o olhar fixo no alto, enquanto as estrelas rodavam em cima, e cada dia era longo como a idade da vida da terra. Chegava-me débil aos ouvidos o rumor reunido de todas as terras: o brotar e o morrer, a canção e o choro, e o lento gemido perpétuo da pedra sobrecarregada." [240]

Após a Guerra do Anel, como o Branco, Gandalf enfrentou Saruman mais uma vez. Desta vez, destituindo-o de seu chamado e propósito, expulsando-o da ordem dos magos e do Conselho dos Sábios. Gandalf repreendeu-o e o cajado de Saruman foi quebrado, juntamente com a sua autoridade. Gandalf, agora, assumia a missão de seu inimigo.

238. Lucas 9.58, Bíblia NVI.
239. TOLKIEN, J.R.R. As Duas Torres. Rio de Janeiro: Harper Collins Brasil, 2019, p. 740.
240. TOLKIEN, J.R.R. As Duas Torres. Rio de Janeiro: Harper Collins Brasil, 2019, p. 740.

> "Sim, sou branco agora", disse Gandalf. "Na verdade eu sou Saruman, quase se poderia dizer, Saruman como ele deveria ter sido."[241]

Também podemos encontrar vislumbres do Cristo glorificado em Gandalf, o Branco.

> "Todos o encararam. Seus cabelos eram brancos como neve à luz solar; e de um branco reluzente era sua túnica; os olhos embaixo das fundas sobrancelhas eram brilhantes, penetrantes como os raios do sol; havia poder em sua mão."[242]

Já em Apocalipse, vemos:

> "Sua cabeça e seus cabelos eram brancos como a lã, tão brancos quanto a neve, e seus olhos eram como chama de fogo. Seus pés eram como o bronze numa fornalha ardente e sua voz como o som de muitas águas. Tinha em sua mão direita sete estrelas, e da sua boca saía uma espada afiada de dois gumes. Sua face era como o sol quando brilha em todo o seu fulgor."[243]

Por fim, assim como Cristo cumpriu seu ministério profético, Gandalf também o fez em suas aventuras na Terra-média. O interessante é que todos nós também somos convidados a sermos "profetas", afinal, a missão de um cristão é levar a mensagem de Cristo a todos os povos, línguas e nações (Mateus 28.18-20). Como vimos anteriormente, um profeta não é apenas quem prevê algum acontecimento. O profeta é aquele que leva uma mensagem divina. Ele é um porta-voz. O convite para todos nós, hoje, é que sejamos porta-vozes de Deus! Ao invés de levarmos à frente mensagens fúteis ou que não sejam tão importantes – tanto de forma pessoal, como pela internet – aceite o desafio e seja um "profeta" nos dias de hoje! Leve a mensagem de Deus avante! Pois, se assim o fizermos, Ele voltará mais rápido para nos buscar![244]

Para mais similaridades entre Gandalf e Jesus, veja o vídeo do QR Code ao lado!

Assista o vídeo: "Gandalf e Jesus?"

241. TOLKIEN, J.R.R. As Duas Torres. Rio de Janeiro: Harper Collins Brasil, 2019, p. 730.
242. TOLKIEN, J.R.R. As Duas Torres. Rio de Janeiro: Harper Collins Brasil, 2019, p. 730.
243. Apocalipse 1.14-16, Bíblia NVI.
244. Em Mateus 24.14 diz que o Evangelho precisa ser pregado em todo o mundo para Jesus voltar. Temos a honra de ajudar na missão que abreviará o retorno de Jesus.

Sacerdote "Frodo"

> "Eu levarei o Anel," disse ele, "apesar de não conhecer o caminho."[245]

O sacerdócio bíblico era um ministério de sacrifício e oração, instrução e bênçãos. No Antigo Testamento, vemos a atuação dos sacerdotes para fazer a expiação e oferecer intercessão[246] pelo povo de Israel. Deus proveu uma solução para o problema do pecado. Naquela época, a expiação era obtida por meio de sacrifícios, como vemos em Levítico 17.11: "*...Eu vo-lo tenho dado sobre o altar, para fazer expiação pelas vossas almas...*"[247]. Ou seja, cada pessoa, ao pecar, precisava pegar um animalzinho e sacrificá-lo, pois, o resultado do pecado é a morte.[248] Os sacerdotes tinham a missão de ajudar cada pecador a obter o perdão e a expiação divina.[249]

A expiação era obtida não pelo valor da vítima oferecida como sacrifício, mas, sim, pelo sacrifício, que é o meio divinamente apontado para fazer a expiação. Por isso, a vítima não podia apresentar defeito, representando a necessidade de perfeição, não sendo, muitas vezes, um animal barato, pois o pecado nunca deve ser considerado algo banal.

Quando vamos ao Novo Testamento, vemos que os sacrifícios feitos no Antigo Testamento não eram a causa do perdão concedido aos pecados. A redenção viria através do verdadeiro Cordeiro, sem defeito e de grande valor. A salvação no Antigo Testamento funcionava, mais ou menos, como um cheque pré-datado (será que alguém ainda os usa ou sabe o que é?). O cheque pré é uma "garantia" de que o seu possuidor receberá aquele valor, quando chegar a data certa. Todos os sacrifícios no Antigo Testamento eram como se fossem cheques assinados com data futura. Se, de fato, o verdadeiro Cordeiro morresse, todos aqueles pecados cometidos seriam liquidados. Cada sacrifício que acontecia era uma demonstração de fé de que o Messias viria e morreria como um Cordeiro em seu lugar. Jesus, ao morrer na cruz, realizou a verdadeira expiação da humanidade, tanto para as pessoas que viveram antes dele, como para nós, que vivemos após a sua morte e ressurreição. Em Cristo, todos os "cheques" do pecado já foram pagos. Como diz Efésios 5:2: "*...Cristo nos amou e se entregou a si mesmo por nós, como oferta e sacrifício a Deus, em aroma suave*".[250]

E quando falamos em "sacrifício", não há como não lembrarmos de toda a jornada "sacerdotal" de Frodo. Antes mesmo de tomar a difícil decisão de se sacrificar pelos povos da Terra-média, Frodo Bolseiro fora envolvido em uma missão que estava além

245. TOLKIEN, J.R.R. *A Sociedade do Anel*. Rio de Janeiro: Harper Collins Brasil, 2019, p. 386.
246. A intercessão é quando oramos por alguém, por alguma causa, ou seja, estamos pedindo por algo no lugar de outra pessoa, intercedendo.
247. Levítico 17.11, Bíblia Almeida Revista e Atualizada.
248. Veja Romanos 6.23.
249. Para entender mais e se aprofundar sobre toda essa linda simbologia bíblica, recomendamos a leitura do capítulo 2 do livro *O Outro nome de Aslam: A Simbologia Bíblica nas Crônicas de Nárnia*.
250. Efésios 5:2, Bíblia Almeida Revista e Atualizada.

da sua capacidade e habilidades. Ele era um Hobbit, um Pequeno, não era um guerreiro, nem mesmo um sábio. Apesar de certa erudição, não tinha condição alguma de fazer frente ao Inimigo.

Quando Gandalf contou a Frodo que o Anel de Bilbo era, de fato, o Um Anel de Poder, expondo-lhe a história de sua forja e as ações do Inimigo na Era passada[251], Frodo ficou atordoado e expressou a sua angústia, seguida pela famosa resposta de Gandalf:

> Gostaria que não tivesse que acontecer no meu tempo", afirmou Frodo.
>
> "Eu também," assentiu Gandalf, "e gostariam todos os que vivem para ver tais tempos. Mas isso não cabe a eles decidir. Tudo o que temos que decidir é o que fazer com o tempo que nos é dado".[252]
>
> "Não sou feito para demandas perigosas. Gostaria de jamais ter visto o Anel! Por que ele veio ter comigo? Por que fui escolhido?"[253]

Frodo estava descobrindo as maravilhas do Condado, a paz, a natureza, uma vida confortável e longe de infortúnios, mas reconheceu que toda a beleza de sua terra e seus amigos iriam se perder, mais cedo ou mais tarde, se o Inimigo não fosse destruído. Para isso, além de todo o percurso tenebroso (que duraria mais de um ano, ida e volta), ele teria de enfrentar as lendárias Fendas da Perdição.

E, como Cristo no Getsêmani, ele toma a decisão de se sacrificar, saindo da angústia para a coragem.

> Gostaria de salvar o Condado, se puder [...] Sinto que, contanto que o Condado fique para trás, seguro e confortável, eu acharei a vida errante mais suportável: vou saber que em algum lugar existe uma base firme, mesmo que meus pés não possam mais pisar ali."[254]

E, após passar por tantos perigos já citados no capítulo sobre o Amor Amizade (*Philia*), Frodo chegou em Valfenda, com um ferimento gravíssimo, mas sobreviveu. No Conselho de Elrond, ele reafirma seu chamado e sacrifício, diante de guerreiros, príncipes e sábios, oferecendo-se, novamente, para carregar o fardo e ser o Portador do Anel. Sua decisão foi aprovada pelo Mestre Elrond.

251. Para mais detalhes, consultar o famoso capítulo de O Senhor dos Anéis, a Sombra do Passado.
252. TOLKIEN, J.R.R. A Sociedade do Anel. Rio de Janeiro: Harper Collins Brasil, 2019, p. 103 e 104.
253. Idem, p. 116.
254. Idem, p. 118.

> Mas é um fardo pesado. Tão pesado que ninguém poderia impô-lo a outrem. Não o imponho a ti. Mas, se o tomares livremente, direi que tua escolha é certa; e mesmo que todos os poderosos Amigos-dos-Elfos de outrora, Hador, e Húrin, e Túrin, e o próprio Beren, estivessem reunidos, teu assento haveria de ser entre eles."[255]

E, seis meses após sua saída do Condado, em 25 de Março de 3.019 da Terceira Era, o propósito de Frodo é completado: o Um Anel de Poder foi destruído no fogo do Monte da Perdição, onde fora forjado. O Inimigo foi destruído e os Povos Livres da Terra-média receberam grande salvação.

Apesar de ter fraquejado no último momento, Frodo colheu o fruto da sua misericórdia para com Gollum, conforme predissera Gandalf.

> Disse-lhes então: "A minha alma está profundamente triste, numa tristeza mortal. Fiquem aqui e vigiem comigo". Indo um pouco mais adiante, prostrou-se com o rosto em terra e orou: "Meu Pai, se for possível, afasta de mim este cálice; contudo, não seja como eu quero, mas sim como tu queres".[256]
>
> "Pai, se queres, afasta de mim este cálice; contudo, não seja feita a minha vontade, mas a tua". Apareceu-lhe então um anjo do céu que o fortalecia. Estando angustiado, ele orou ainda mais intensamente; e o seu suor era como gotas de sangue que caíam no chão."[257]

Por fim, Frodo salvou seu belo Condado, não para si mesmo, mas para que o próximo pudesse usufruir do local:

> Tentei salvar o Condado, e ele foi salvo, mas não para mim. Muitas vezes tem de ser assim, Sam, quando as coisas estão em perigo: alguém precisa desistir delas, perdê-las, para que outros possam mantê-las."[258]

Também podemos encontrar vislumbres do Cristo glorificado em Frodo Bolseiro, por exemplo, na já citada passagem em que Frodo pegou no sono, perto das terras de

255. TOLKIEN, J.R.R. *A Sociedade do Anel*. Rio de Janeiro: Harper Collins Brasil, 2019, p. 387.
256. Mateus 26.38-39, Bíblia NVI.
257. Lucas 22.42-44, Bíblia NVI.
258. TOLKIEN, J.R.R. *O Retorno do Rei*. Rio de Janeiro: Harper Collins Brasil, 2019, p. 1463.

Mordor, fadigado não apenas pela longa e dura jornada, mas pelo fardo maldito que carregava (O Um Anel). Então, Sam o observou:

> "Naquela ocasião, quando vigiava, Sam notara que às vezes parecia haver uma luz brilhando suavemente no interior; mas agora a luz era ainda mais clara e forte. O rosto de Frodo estava em paz, as marcas do medo e preocupação o haviam deixado; mas parecia velho, velho e belo, como se o cinzelar dos anos que o moldaram estivesse agora revelado em muitas rugas finas que antes estavam escondidas, apesar de a identidade do rosto não ter mudado."[259]

Por mais que Frodo não tenha se sacrificado de fato, como fez o nosso Salvador, ele se predispôs a tal. Ele pensava que, ao cumprir sua missão, morreria, porém saiba que o mais importante ele fez em seu coração: tomou a decisão. Permita-nos repetir a mesma aplicação didática que fizemos no último tema.

Eu e você, a partir do momento em que tomamos a decisão de sermos cristãos, também precisaremos nos "sacrificar". É isso que diz Marcos 8.34b-35: *"Se alguém quer ser meu seguidor, negue a si mesmo, tome sua cruz e siga-me. Se tentar se apegar à sua vida, a perderá. Mas, se abrir mão de sua vida por minha causa e por causa das boas-novas, a salvará".*[260]

Cristo nos convida a morrermos para o nosso eu. Isso significa negar nossas próprias vontades. Sacrifício. "Mas tenho vontade de assistir isso, ler aquilo ou jogar aquele outro"... Essa vontade é a sua. Porém, o seu eu precisa morrer!

Na verdade, essa não é uma opção para o cristão, mas uma condição. Precisamos procurar fazer a vontade d'Ele em nossas vidas. As Suas vontades, não mais as nossas. O nosso eu tem que morrer! E pense conosco: se precisarmos perder realmente essa vida, o que perderemos? 70, 100 anos? Deus quer nos dar uma vida eterna! Por isso, aceite o segundo convite que fazemos: seja também um sacerdote das coisas sagradas, afinal, também somos considerados sacerdócio real: *"Vós, porém, sois raça eleita, sacerdócio real, nação santa [separada, consagrada], povo de propriedade exclusiva de Deus, a fim de proclamardes as virtudes daquele que vos chamou das trevas para a Sua maravilhosa luz".*[261]

259. TOLKIEN, J.R.R. As Duas Torres. Rio de Janeiro: Harper Collins Brasil, 2019, p. 937.
260. Marcos 8.34b-35, Bíblia NVT.
261. 1 Pedro 2.9, Bíblia Almeida Revista e Atualizada.

Rei "Aragorn"

"Mas quando Aragorn se ergueu, todos os que o contemplavam fitaram-no em silêncio, pois lhes pareceu que agora ele se revelava a eles pela primeira vez. Alto como os reis navegantes de outrora, ultrapassava em estatura todos os que estavam junto dele; parecia antigo em dias, e, ainda assim, na flor da virilidade; a sabedoria se assentava em sua fronte, havia força e cura em suas mãos e uma luz ao seu redor."[262]

Quando Frodo viu Aragorn pela primeira vez, na estalagem do Pônei Empinado, no vilarejo de Bri, o Hobbit enxergou apenas um Andarilho, um Caminheiro, de vestes surradas e aspecto estranho. Aragorn viveu muitos anos de sua vida como um vagante, um guardião, conhecido por Passolargo. Frodo mal sabia que Aragorn descendia de linhagem real. Na verdade, poucos sabiam seu nome.

Seu verdadeiro nome era Aragorn II, filho de Arathorn II, sua ascendência passava por Isildur (que cortou o Um Anel da mão de Sauron), Elendil (dono de Narsil, a espada que foi quebrada), Elros (Primeiro Rei de Númenor e irmão gêmeo mortal de Mestre Elrond), até, por fim, chegar à Eärendil (o Meio-Elfo, o Marinheiro, o Luzente).[263]

Devido à sua alta linhagem, Aragorn tinha, por direito, o trono de Gondor e Arnor. Por isso, o último livro de *O Senhor dos Anéis* tem o título de *O Retorno do Rei*. A verdade é que o Reino de Arnor já não existia e o Reino de Gondor estava sem um rei por cerca de mil anos, sendo governado por Regentes. Essa alta linhagem de Aragorn nos faz lembrar a de Jesus, que tinha ancestrais como o grande Rei Davi, Salomão, Abraão, Isaque, Jacó, e, por fim, o primeiro homem, Adão.

Mas, enquanto ainda não havia chegado o seu tempo, Aragorn servia aos Povos Livres como um guardião, lutando sempre contra toda manifestação do mal. Até que, por fim, conheceu a Frodo e o ajudou em sua jornada até Valfenda, onde, mais uma vez, ofereceu os seus serviços ao Hobbit e foi um dos integrantes da Sociedade do Anel.

Narsil, a espada de seu ancestral Elendil, foi reforjada e entregue a Aragorn. Agora ele empunha Andúril (Chama do Oeste) e, novamente, a espada que cortou o Um Anel da mão de Sauron, volta para combater o Inimigo.

Dessa forma, Aragorn se aproxima do seu reinado, durante a Guerra do Anel, mas,

262. TOLKIEN, J.R.R. *O Retorno do Rei*. Rio de Janeiro: Harper Collins Brasil, 2019, p. 1383.
263. Resumindo uma linhagem de três Eras de grandes homens.

antes, passou por muitas batalhas e grandes feitos. Quando esteve em Minas Tirith, capital do Reino de Gondor, Aragorn exerceu um dom característico dos reis: a cura. Ele curou muitas pessoas que haviam sido feridas durante a Batalha dos Campos de Pelennor, principalmente feridas "espirituais", trazendo libertação.

Após a Guerra do Anel, finalmente Aragorn é coroado Rei de Gondor e Arnor, sendo assim, Rei do Reino Reunido ou Reino Restaurado. Sua coroação marca um momento incrível, de um novo tempo, uma nova história para os Povos. Durante sua coroação, os ofícios de Cristo se encontram em Gandalf, Frodo e Aragorn (Aragorn escolheu a Frodo para trazer-lhe a coroa e Gandalf para pô-la em sua cabeça).

Assim, retornou o Rei para consolo dos povos de bem, para restauração, justiça e paz. Somente após sua coroação e, obedecendo à exigência de Mestre Elrond, é que Aragorn (agora Rei Elessar) pôde casar-se com Arwen, tipificando o casamento de Cristo com a Igreja.

Para entendermos como funcionava a entronização de um rei no Antigo Testamento, precisamos contextualizá-la. Jesus é conhecido como a raiz de Davi, ou seja, o herdeiro do seu trono, o leão da tribo de Judá (Apocalipse 5.5), correto? Ele recebe esse título, pois Davi prefigurava o rei messiânico (ou seja, o Cristo). No Antigo Testamento, a coroação dos reis era realizada no Templo, seguida pela entronização, que acontecia no palácio real.[264] Depois disso, era a vez da investidura com os emblemas reais[265] e o rito da unção – que era essencial[266]. Essa unção significava a eleição divina. Em outras palavras, Deus havia escolhido aquela pessoa para ser rei. Em alguns casos, a Bíblia relata que o Espírito Santo tomava posse na unção do novo rei. Sendo assim, cada novo rei[267] era um símbolo do verdadeiro rei messiânico.[268]

Conseguimos entender melhor a entronização de Jesus como rei, graças à Apocalipse 5. Acompanhe:

> "Vi, na mão direita daquele que estava sentado no trono, um livro escrito por dentro e por fora, de todo selado com sete selos. Vi, também, um anjo forte, que proclamava em grande voz: Quem é digno de abrir o livro e de lhe desatar os selos? Ora, nem no céu, nem sobre a terra, nem debaixo da terra, ninguém podia abrir o livro, nem mesmo olhar para ele; e eu chorava muito, porque ninguém foi achado digno de abrir o livro, nem mesmo de olhar para ele. Todavia, um dos anciãos me disse: Não chores; eis que o Leão da tribo de Judá, a Raiz de Davi, venceu para abrir o livro e os seus sete selos. Então, vi, no meio do trono e dos quatro seres viventes e entre os anciãos, de pé, um Cordeiro como tendo sido morto. Ele tinha sete chifres, bem como sete olhos,

264. 2 Reis 11.12-19; 2 Crônicas 23.11-20.
265. 2 Reis 11.12.
266. 2 Samuel 2.4, 5.3; 1 Reis 1.34, 39; 2 Reis 23.30.
267. 1 Samuel 10.10, 16.3.
268. 1 Samuel 24.7, 11, 26.9, 11, 16, 23; 2 Samuel 1.14-16, 19.22; Lamentações 4.20.

> que são os sete Espíritos de Deus enviados por toda a terra. Veio, pois, e tomou o livro da mão direita daquele que estava sentado no trono; e, quando tomou o livro, os quatro seres viventes e os vinte e quatro anciãos prostraram-se diante do Cordeiro, tendo cada um deles uma harpa e taças de ouro cheias de incenso, que são as orações dos santos, e entoavam novo cântico, dizendo: Digno és de tomar o livro e de abrir-lhe os selos, porque foste morto e com o teu sangue compraste para Deus os que procedem de toda tribo, língua, povo e nação e para o nosso Deus os constituíste reino e sacerdotes; e reinarão sobre a terra."[269]

Não entraremos em todos os detalhes, explicando símbolo por símbolo, porque o foco deste capítulo é entendermos como era a entronização de um rei.

Quando um rei era entronizado, depois de receber a unção, ele pegava o livro da aliança (Deuteronômio) e o lia. Somente ele poderia pegar o livro. Isso demonstrava a sua responsabilidade perante Deus, sendo um mediador da aliança.[270] Por isso, quando Jesus aparece no verso 7, tomando um livro, significa que Ele agora tem total autoridade e o direito de governar (soberania). Neste capítulo de Apocalipse, João estava triste por pensar que ninguém mais seria digno de abrir o livro, mas o verso 9 diz: *"Digno és de tomar o livro e de abrir-lhe os selos, porque foste morto e com o teu sangue compraste para Deus os que procedem de toda tribo, língua, povo e nação..."*.[271] Ao morrer por nós, Jesus vence e é entronizado no Céu.[272] Agora Ele reina.[273] Jesus é o Rei! E seu reino nunca mais terá fim. E qual o convite que Ele nos faz? *"...e para o nosso Deus os constituíste reino e sacerdotes; e reinarão sobre a terra."* Jesus quer que nós reinemos com Ele! Isso não é incrível? Seremos príncipes e princesas em seu reino eterno, tendo Jesus como o poderoso Rei dos reis! Por isso, prepare-se para esse momento, em breve Jesus voltará para reinarmos para sempre com Ele.

269. Apocalipse 5.1-10, Bíblia Almeida Revista e Atualizada.
270. 2 Crônicas 17.7-9, Bíblia Almeida Revista e Atualizada.
271. 2 Crônicas 17.7-9, Bíblia Almeida Revista e Atualizada.
272. Muitos textos do N.T. mencionam a exaltação de Jesus no trono celestial: Atos 2.32-36, 13.33-34, Romanos 8.34, Efésios 1.20-22, Hebreus 1.3, 10.12, 12.2, 1 Pedro 3.21-22.
273. Apocalipse 5.1-10, Bíblia Almeida Revista e Atualizada.

Sábio "Gandalf, Frodo e Aragorn"

> "No entanto penso, Frodo, que tens coragem e sabedoria bastantes para te arriscares, do contrário eu não te teria trazido aqui. Faze como quiseres!"[274]

De forma sucinta, mas, com muito carinho, este capítulo também une os três ofícios de Cristo, através dos personagens: Gandalf, Frodo e Aragorn. Afinal, todos eles, de alguma forma, expressaram a sabedoria, especialmente no decorrer de suas jornadas, pois, mesmo durante a labuta, agiram com sabedoria e discernimento.

Gandalf já era um Sábio de grande conhecimento e instrução, vindo das Terras Imortais, mas, enquanto esteve na Terra-média, fez parte do Conselho dos Sábios. Sua principal missão na Terra-média era utilizar-se de toda a sua sabedoria para aconselhar os Povos Livres: *"a incumbência de aconselhar e persuadir os Homens e os Elfos para o bem, e procurar unir no amor e na compreensão todos aqueles que Sauron, caso retornasse, tentaria dominar e corromper."*[275]

Através de suas sábias palavras, ajudou a Thorin Escudo-de-carvalho e companhia em *O Hobbit*, bem como Bilbo Bolseiro em *O Hobbit* e *O Senhor dos Anéis*. De igual modo, Gandalf usou de sabedoria para com toda a Companhia do Anel, Elrond, Rei Théoden, Denethor e muitos outros com quem se encontrava. Com Frodo, porém, ele expressou sua sabedoria diversas vezes, o que lhe rendeu algumas frases famosas, já citadas anteriormente nesse livro. Lembremo-nos de duas:

> "Tudo o que temos que decidir é o que fazer com o tempo que nos é dado".[276]
>
> "Muitos que vivem merecem a morte. E alguns que morrem merecem a vida".[277]

Já Aragorn, apesar de viver como um guardião ou um típico guerreiro, fora instruído e criado por Mestre Elrond, que lhe ensinou o Saber dos Elfos. Adquiriu, também, sabedoria através de sua amizade com Gandalf:

274. TOLKIEN, J.R.R. A Sociedade do Anel. Rio de Janeiro: Harper Collins Brasil, 2019, p. 512.
275. TOLKIEN, J.R.R. Contos Inacabados. Rio de Janeiro: Harper Collins Brasil, 2020, p. 514 e 515.
276. TOLKIEN, J.R.R. A Sociedade do Anel. Rio de Janeiro: Harper Collins Brasil, 2019, p. 104.
277. TOLKIEN, J.R.R. A Sociedade do Anel. Rio de Janeiro: Harper Collins Brasil, 2019, p. 114.

> "...e fez-se amigo de Gandalf, o Sábio, de quem obteve muita sabedoria."[278]

Aragorn ajudou os quatro Hobbits a chegarem em Valfenda, utilizando-se de todo o seu conhecimento e sabedoria, e, após a queda de Gandalf com o Balrog em Moria, assumiu a liderança da comitiva do Anel, fazendo, certamente, sábias escolhas, conduzindo a demanda ao sucesso.

Após a Guerra do Anel, Aragorn foi coroado Rei de Gondor e Arnor, usando toda a sua sabedoria e justiça para restaurar e unificar os reinos há muito caídos. Até o final de sua vida, reinou com integridade e sabedoria.

Frodo também teve a oportunidade de crescer em erudição, pois fora instruído por Bilbo Bolseiro, que aprendera dos sábios Elfos. Tal erudição permitiu-lhe, mais tarde, escrever a maior parte do Livro Vermelho do Marco Ocidental (que conhecemos principalmente como *O Hobbit* e *O Senhor dos Anéis*).[279]

Desde o começo de sua jornada, Frodo teve que fazer sábias escolhas e morrer para suas vontades, deixando o Condado por um bem maior do que o seu bem-estar. Durante toda a sua jornada, sua sabedoria e intrepidez fizeram toda a diferença, principalmente quando, de forma humilde, lembrou-se das palavras de Gandalf sobre Gollum, deixando que a criatura vivesse. Seu ato de compaixão e sabedoria lhe garantiram concluir a sua missão, quando, em um momento de extrema tentação e fadiga, veio a falhar, reivindicando o Um Anel para si no Fogo da Perdição. Se não fosse a sua sábia escolha no passado, Gollum não estaria com eles neste momento e não arrancaria o Um Anel (junto com o dedo de Frodo), caindo em seguida no Fogo, ajudando, de certa forma, a destruir o Precioso e o Mal de seu tempo.

Todos eles foram testados em suas decisões e discernimentos, e, por vezes, clamaram por sabedoria, assim como o Rei Salomão também o fez.

> "Agora, SENHOR, meu Deus, fizeste o teu servo reinar em lugar de meu pai, Davi. Mas eu não passo de um jovem e não sei o que fazer. Teu servo está aqui no meio do povo que escolheste, um povo tão grande que nem se pode contar. Dá, pois, ao teu servo um coração cheio de discernimento para governar o teu povo e capaz de distinguir entre o bem e o mal. Pois quem pode governar este teu grande povo?"[280]

278. TOLKIEN, J.R.R. *O Retorno do Rei*. Rio de Janeiro: Harper Collins Brasil, 2019, p. 1506.
279. Quando J.R.R. Tolkien começou a escrever a sua mitologia, ele tentou simular como se ele fosse um tradutor e não o escritor, como se tivesse encontrado um livro em uma língua diferente e o traduziu para o inglês. Isso é chamado de pseudotradução.
280. 1 Reis 3:7-9, Bíblia NVI.

Salomão é conhecido até hoje como o homem mais sábio deste mundo e seus livros são, realmente, impactantes: Provérbios, Eclesiastes e Cantares. Porém, quando falamos sobre sabedoria, não há como não mencionar os maravilhosos ensinos de Jesus. Muitos deles parecem ser muito simples, porém, estão carregados de significados muito, mas muito profundos! Quer um exemplo? "Não construa sua casa na arreia. Construa na rocha. Se vier uma chuva forte, a casa construída na areia não aguentará". Simples, não é? Porém é muito profundo, afinal, temos que nos autoavaliar e perguntar: "Sobre o quê tenho construído minha vida? Meus sonhos, metas e objetivos estão firmes? Tenho sonhado em cumprir os planos de Deus em minha vida, pois estou alicerçado na Pedra, que é Cristo?" Ao pensar no significado disso, se torna algo muito profundo! Isso é sabedoria.

A sabedoria de Cristo era tão impressionante que Ele encantava tanto as crianças como os grandes mestres de Israel. Nós, como cristãos, devemos constantemente buscar a sabedoria, mas entenda algo muito importante: a sabedoria é uma postura. Ela não tem a ver apenas com o conhecimento. É importante procurarmos entender mais da Palavra de Deus dia após dia, mas, se isso não mudar sua postura, não há como dizer que você tem sido sábio. E qual a postura de um sábio? "Não sei de tudo e nunca saberei". Sabedoria é assumir que não sabemos... Saber que nada sabemos... Perceba que a sabedoria parece ser a irmã mais velha da humildade (já abordada anteriormente). Não seria muito mais fácil termos conversas sobre religião com os outros, se adotássemos essa postura? Por isso, precisamos buscar a sabedoria com o conhecimento, porém, mais importante do que isso, precisamos que essa sabedoria mude a nossa forma de viver.

E, para incentivá-lo ainda mais a buscar a sabedoria, quero contar uma história de como a sabedoria pode, inclusive, preservar a vida de quem a possui. Havia um rei que gostava de eliminar pessoas de seu reino com jogos nada infantis... O problema ainda aumenta, pois este rei também era muito trapaceiro. Um dia, ele desejou matar um de seus sábios. Escolhendo, então, um deles, chamou-o e explicou-lhe que tinha dois papeis em sua mão, um escrito "vida" e outro "morte". O rei colocou os dois papeis à frente e pediu que o sábio escolhesse um. O resultado do jogo seria o que estivesse escrito no papel escolhido. O que o sábio fez? Rapidamente pegou um dos papeis e o comeu! Ele não tinha ideia de que o trapaceiro rei havia escrito "morte" nos dois papeis. O que aprendemos aqui? A sabedoria preserva a vida. Por isso, dizem que os sábios têm o futuro em suas mãos, enquanto os tolos estão nas mãos do futuro.

Parte 4

Conclusão

Salvação

"Não, eles comem e bebem, Sam. A Sombra que os gerou só pode zombar, não pode fazer; não coisas novas e reais por si mesma. Não acho que tenha dado vida aos orques, apenas os arruinou e perverteu..."[281]

No capítulo "Consequência do Pecado nos Orques", descobrimos a origem e algumas características destas criaturas. Depois de já termos um bom pano de fundo sobre vários assuntos bíblicos, agora podemos especular se essa raça hedionda poderia ser, de alguma forma, agraciada com a Salvação.

Em sua essência, a maioria das linhas teológicas concorda que a salvação nos é dada como um presente ou como a Bíblia nos apresenta, de graça. Como não há menções diretas a culto, religião ou, até mesmo, a Deus em *O Senhor dos Anéis* - veja a declaração de Tolkien: *"E por isso que não introduzi, ou suprimi, praticamente todas as referências a qualquer coisa como "religião", a cultos ou práticas, no mundo imaginário. Pois o elemento religioso é absorvido na história e no simbolismo."* [282] - trabalharemos com o conceito de salvação e graça nas últimas páginas deste precioso livro e veremos como os Orques poderiam, sim, ter sido salvos!

Imagino que, provavelmente, você tenha se assustado com essa "conjectura", afinal, os Orques não mereceriam algo tão sublime, correto? Veja: ao vivermos em meio a uma sociedade meritocrática,[283] entendo o porquê de termos tanta dificuldade em aceitar a Salvação, sendo de graça. Não estamos tão acostumados a receber algo sem fazermos nada em troca.

Até a semântica da palavra "graça" já deveria nos ajudar a entender esse assunto. Se alguém nos dá um presente, quanto pagamos por ele? Nada! Foi "grátis".

Saiba que é possível sermos amados e aceitos por Deus, ao mesmo tempo em que somos pecadores e imperfeitos. Perceba: não existe nada que façamos que nos garantirá a Salvação. A Salvação só nos é garantida quando entendemos o que Jesus fez por nós. Ele aceitou pagar o preço em nosso lugar, morrendo, porque nós merecíamos morrer. Ele é nosso Substituto. Não temos méritos nenhum nisso! O oposto de "justificado" é "condenado". Justificação quer dizer que, em Cristo, apesar de, na verdade, sermos pecadores, não estamos debaixo da condenação. Somos tratados como justos de fato e somos livres de condenação, embora continuemos injustos em nossos corações e comportamentos. Estamos justificados. *"Portanto, somos declarados justos por meio da fé, e não pela obediência à lei".* [284]

281. TOLKIEN, J.R.R. O Retorno do Rei. Rio de Janeiro: Harper Collins Brasil, 2019, p. 1310.
282. CARPENTER, H. As cartas de J.R.R. Tolkien. Curitiba: Arte e Letra, 2006, p. 167.
283. Meritocracia é: ao fazer algo, receberei algo em troca. Se trabalho, recebo um salário. Se você se comportar bem, ganho tal coisa. Se você for bom, conseguirá a vaga desejada... Ou seja, você precisa fazer por merecer.
284. Romanos 3.28, Bíblia NVT.

Por isso, precisamos acreditar que Jesus veio a este mundo e que as profecias bíblicas encontraram o seu cumprimento n'Ele. Se tivermos fé nisso, o que acontece? Somos salvos! Justificados! Se você também aceita o que acabamos de abordar, você igualmente está salvo! É verdade, simples assim! J. I. Packer nos ajuda a entender um pouco mais sobre a justificação: *"Na Bíblia, "justificar" significa declarar [...] acerca de um homem, em um tribunal, que ele não está sujeito a qualquer penalidade, mas que ele é dotado de todos os privilégios devidos àqueles que sempre observaram a lei. Justificar equivale ao ato de um juiz pronunciar a sentença oposta à de condenação - a sentença de absolvição e de imunidade legal".*[285]

Mas seria apenas isso? Sermos cristãos nos torna pessoas diferentes, ou "só" somos salvos e agradecidos pelo que Jesus fez por nós?

O Evangelho nos conduz a uma vida santa e transformada. Ele é uma dinamite que produz transformações profundas e enormes em nosso caráter e comportamento. No momento em que nos tornamos cristãos, não estamos mais debaixo do poder governante do pecado. Por essa razão, se cremos, de fato, em Cristo, algo mais acontecerá: uma mudança de vida. Não viveremos mais no pecado!

Começaremos a perceber nossos erros e nos arrepender. Ou seja, nossa única parte no processo de salvação é aceitar o quão pecaminosos somos e o quanto precisamos de Jesus para nos salvar! Precisamos aceitar que estamos perdidos, para, então, sermos salvos! E será que os Orques poderiam se arrepender para alcançar essa redenção?

Morgoth, o Sombrio Inimigo do Mundo, não podia criar a partir do nada, mas podia corromper. Foi assim que muitos Homens e Elfos foram deturpados. E, por terem sido originalmente Homens ou Elfos, o *ser* dos Orques foram criados por Eru Ilúvatar, ainda que sua *essência* tivesse sido deturpada por Morgoth. Assim, no fundo, ainda havia esperança para eles, pois o *ser* dos Orques ainda subsistia em Eru Ilúvatar.

> "O mal não pode criar do nada, apenas corromper, e a natureza órquica, embora fruto de uma corrupção transformadora da natureza humana ou élfica, não é má em si mesma, porque possui o ser (esse) participado de Eru."[286]

Para que os Orques fossem alcançados pela graça, seria necessário que se arrependessem e buscassem o perdão. Todavia, eles foram corrompidos de geração em geração, de tal forma que o mal foi tremendamente impregnado em sua natureza, sua *essência*.[287]

Porém, mesmo ainda tão corrompidos (você se recorda de alguém? Seja humilde!)

285. PACKER, J. I. *Vocábulos de Deus*. São José dos Campos: Fiel, 2017, p. 188.
286. KLAUTAU, Diego Genú. *Metafísica da subcriação: a filosofia do Mito em J.R.R. Tolkien*. São Paulo: A Outra Via, 2021, p. 218.
287. Para se aprofundar mais no tema metafísica em Tolkien, bem como a Redenção para os Orques, indico o livro *Metafísica da subcriação: a filosofia do Mito em J.R.R. Tolkien*, do meu já citado amigo Dr. Diego Klautau.

acreditamos que eles poderiam se arrepender, tanto que a atitude de arrependimento e busca por misericórdia dos Orques estava prevista pelos sábios:

> "Se isso acontecesse, e Tolkien afirma que essa era a opinião dos sábios, eles não deveriam ser atormentados ou torturados e, se pedissem misericórdia, ela deveria ser concedida. Contudo, o quanto de corrupção em sua inteligência, vontade e sensibilidade deveria ser removida é inimaginável. Talvez, tal como na tradição cristã baseada na narrativa bíblica sobre a abolição do pecado original, somente uma encarnação direta de Eru no mundo material poderia promover tal milagre." [288]

Somos tentados a "escolher" quem poderá ou não ser salvo. Julgamos com os nossos óculos de santidade, mas nos esquecemos: ninguém merece ser salvo. Nós somos como os Orques, corrompidos em nossa *essência*, pecando mais e mais de geração em geração. A grande verdade é que não merecemos a Salvação, mas Deus a concedeu a cada um de nós através do Único que poderia reclamar o direito de ser salvo: Jesus! E Ele ofereceu isso a todos, não importa o quão pecador essa pessoa seja!

Jesus foi o Único que conseguiu passar por essa Terra com uma vida realmente exemplar, sendo o Único que nunca pecou. Ao morrer por nós, o Único que merecia ser salvo cedeu seu direito de merecedor a cada um de nós. Ao aceitarmos o que Ele fez por nós e entendermos que Ele é o nosso Salvador, o que era d'Ele, por direito, passa para nós. De graça. A graça é irresistível e é indiferente ao que fazemos. Ela chega a ser quase inacreditável. Nós não merecíamos, mas Ele pagou o preço. Continuamos não merecendo, mas seu Amor (*Agápe*) por nós é tão grande, que Ele ainda nos aceita.

Por isso, simplesmente aceite o Mérito do Cordeiro, que morreu em seu lugar para lhe conceder a Salvação pela graça! O que temos que fazer para herdar a vida eterna? Como herdeiros, não precisamos fazer nada, porém, depois de recebermos a herança, acabamos nos sentindo quase que no dever de retribuir o presente recebido, pois estamos felizes com essa bênção!

Entenda, porém, algo muito importante: Deus não nos ama porque somos úteis, Ele nos ama pelo simples fato de que nos ama. Ao entendermos e aceitarmos isso, temos um motivo mais forte ainda para obedecer a Deus. Não há como termos um encontro com esse Jesus maravilhoso e continuarmos levando a vida da forma antiga. A nossa vida tem que ser diferente. Quando nos encontramos com Cristo, Ele nos torna uma nova criatura. O encontro com Ele muda nosso jeito de viver. Precisamos experimentar a Salvação em nosso dia-a-dia, porque o nosso comportamento demonstra a fé que temos.

288. KLAUTAU, Diego Genú. *Metafísica da subcriação: a filosofia do Mito em J.R.R. Tolkien*. São Paulo: A Outra Via, 2021, p. 218 e 2019.

Chegou a hora de começar a viver o que estamos aprendendo com essas lições de poder, de demonstrar em nossa vida os frutos da Salvação, mas por quê? Para nos olharem e verem o quanto somos bons? Veja o que a Bíblia diz em Mateus 5.16: *"Assim brilhe a luz de vocês diante dos homens, para que vejam as suas boas obras e glorifiquem ao Pai de vocês, que está nos céus".*[289]

As boas obras não nos trazem somente salvação pessoal, mas também nos impulsionam a levar incansavelmente a salvação ao nosso próximo. Portanto, brilhe a sua luz! Demonstre a sua salvação a partir de agora mesmo! Que as lições que aprendemos tanto com a Bíblia, quanto com *O Senhor dos Anéis* possam sair da teoria e começar a serem praticadas. Não tenho dúvidas de que, com isso, você terá uma vida cheia de poder!

289. Mateus 5.16, Bíblia NVI.

Ordem de Leitura dos Livros de Tolkien

Como você deve ter observado nas notas de referências, as histórias deste Universo Fantástico criado por Tolkien estão distribuídas em muitos livros. Gostaria de ressaltar que essa Ordem de Leitura é a melhor para iniciantes (ou menos complexa de ser seguida). Não é uma Ordem de Leitura Cronológica, porém essa sequência é quase unânime entre nós, tolkienistas.[290] Dividimos a Ordem em três partes: Leitura Indispensável, Leitura Complementar e Leitura Extra. Esses títulos servem apenas para ajudar na compreensão de prioridade da leitura.

Dentro da Leitura Indispensável, o primeiro livro indicado é *O Hobbit*, por ser uma leitura leve, focada no públicoinfantojuvenil, despertando no leitor mais curiosidade para conhecer as outras obras. O segundo é *O Senhor dos Anéis*. Antes de ser finalizado e de receber este título, Tolkien se referia a ele como "o novo Hobbit" ou "a continuação do Hobbit". Nesta obra, o leitor que acabou a leitura de *O Hobbit*, reencontrará personagens como Bilbo Bolseiro, Gandalf, Elrond, Gollum, entre outros, além de reencontrar o Um Anel, objeto principal em *O Senhor dos Anéis*.

O interessante é que *O Senhor dos Anéis* tem um estilo inicialmente parecido com o de *O Hobbit*, uma leitura mais suave que, aos poucos, se torna mais sombria. Desde seu lançamento, o livro saiu dividido em 3 volumes: *A Sociedade do Anel*, *As Duas Torres* e *O Retorno do Rei*. Esse, porém, não era o desejo de Tolkien, que gostava de enfatizar para sua editora da época que *"o livro era uma história contínua e não uma trilogia"*.[291]

Ainda temos os dois tipos de edições disponíveis no Brasil, você pode ler *O Senhor dos Anéis* em 3 volumes ou em volume único. Apesar da opinião de Tolkien, considero a leitura separada mais confortável.

Neste ponto, você poderá avançar para o terceiro livro, *O Silmarillion*, que é o registro e a ótica dos Elfos em relação aos acontecimentos deste Universo, incluindo os acontecimentos na época de *O Hobbit* e *O Senhor dos Anéis*. *O Silmarillion* também é comparado ao livro de Gênesis, o começo de tudo, as primeiras coisas, incluindo a própria criação do Universo. Nele, você encontrará as origens da Terra-média, das raças, dos reinos, das guerras e das histórias até o final da Terceira Era, que é basicamente o fim dos acontecimentos em *O Senhor dos Anéis*.

Após ler *O Silmarillion*, como quarta leitura, indicamos *Contos Inacabados*,[292] no qual você

290. *Estudiosos da vida e obra de J.R.R. Tolkien.*
291. *CARPENTER, H. J.R.R. Tolkien: Uma Biografia. Rio de Janeiro: Harper Collins Brasil, 2018, p. 295.*
292. *Título completo: Contos Inacabados de Númenor e da Terra-média.*

encontrará histórias não contadas (ou contadas mais detalhadamente do que nos livros citados anteriormente). Elas são como "histórias complementares" de *O Hobbit*, *O Senhor dos Anéis* e *O Silmarillion*. A obra também contém muitas notas com informações importantes do editor, a saber, Christopher Tolkien (filho de J.R.R. Tolkien e guardião literário do pai).[293]

Chegando até aqui, você já possui um conhecimento muito bom do Legendário de Tolkien. Depois disso, estará preparado para entrar na Leitura Complementar. Para a quinta, sexta e sétima leituras, siga com os Três Grandes Contos, também conhecidos como *Atanatárion*.[294]

Esses Três Grandes Contos são *Beren e Lúthien*, *Os Filhos de Húrin* e *A Queda de Gondolin*. Leia nessa ordem, pois estão de forma resumida em *O Silmarillion* e em *Contos Inacabados*. Christopher Tolkien, porém, editou e lançou os Três Grandes Contos da forma mais completa possível, com todas as suas versões em livros próprios. Uma curiosidade: *A Queda de Gondolin* foi lançado em Agosto de 2018 e foi o último livro publicado por Christopher Tolkien. Para a oitava leitura, avance com *A Queda de Númenor*,[295] lançado em Novembro de 2022 e editado pelo tolkienista Brian Sibley, que reuniu em um só volume as mais importantes informações da Segunda Era da Terra-média.

A nona leitura, *A Natureza da Terra-média*, obra inédita de J.R.R. Tolkien e editada pelo tolkienista Carl F. Hostetter, trata de temas mais abrangentes, complexos e profundos, como a metafísica da imortalidade, e até assuntos mais específicos, como a fauna e a flora de Númenor, as especificidades geográficas de Gondor, quais espécies possuíam barba, etc.

E, para finalizar a lista, entraremos agora na Leitura Extra, começando pelos livros: *As Aventuras de Tom Bombadil* e *A Última Canção de Bilbo*. Deixamos estes como extra porque ambos não possuem grande relevância para a compreensão do Legendário de Tolkien.

As Aventuras de Tom Bombadil são poemas sobre nosso querido Tom, e, além dele, alguns poemas são brincadeiras literárias de Tolkien, como as canções dos Hobbits de *O Senhor dos Anéis*. *A Última Canção de Bilbo* é um livro bem pequeno, com mais ou menos 30 páginas contando com as ilustrações (porém a canção/poema cabe em apenas uma só página). Bilbo escreveu esta obra um pouco antes de partir para o Oeste. Você pode escolher ler estes dois livros após *O Senhor dos Anéis* ou após *A Natureza da Terra-média*.

Depois de ler tudo isso, indicamos a leitura de *A História da Terra-média* e alguns livros biográficos de Tolkien. *A História da Terra-média* é uma leitura muito avançada, exaustiva e complexa, porém, enriquecedora. A obra possui duas versões, uma com 12 volumes mais um volume de Índice, e outra com 3 volumes parrudos. Eles mostram a construção e evolução do Legendário de Tolkien, bem como todas as versões de todos os Contos, enriquecidos com muitas e muitas notas.

Já para os livros biográficos, indicamos três: *J.R.R. Tolkien: Uma Biografia*, que é a biografia oficial. Indico também *J.R.R. Tolkien & C.S. Lewis: O Dom da Amizade*, que tem como

293. Christopher Tolkien faleceu em 16 de janeiro de 2020, aos 95 anos. A maior parte que conhecemos da obra de Tolkien é graças a Christopher, que organizou, editou e lançou o material que seu pai deixou (mais de 20 livros).
294. O título significa "Legendário dos Pais dos Homens", em Sindarin (uma variação do élfico, mais falada na Terra-média na Terceira Era).
295. Título completo: A Queda de Númenor: e Outros Contos da Segunda Era da Terra-média.

foco a amizade dos dois amigos. E, por último, *Tolkien e a Grande Guerra: O limiar da Terra-média*, que, devido à trágica experiência de Tolkien na Primeira Guerra Mundial e os horrores ali vivenciados, incluindo a perda de dois de seus amigos mais próximos, são a base para a construção de *O Senhor dos Anéis*.

Por fim, *As Cartas de J.R.R. Tolkien* dizem respeito à vida e obra de Tolkien. Neste livro, podemos tirar muitas dúvidas sobre o Legendário, com respostas dadas diretamente pelo próprio Tolkien a seus fãs, amigos e familiares.

Leitura Indispensável:
O Hobbit
O Senhor dos Anéis
O Silmarillion
Contos Inacabados

Leitura Complementar:
Beren e Lúthien
Os Filhos de Húrin
A Queda de Gondolin
A Queda de Númenor
A Natureza da Terra-média

Leitura Extra:
As Aventuras de Tom Bombadil
A Última Canção de Bilbo
A História da Terra-média
J.R.R. Tolkien: Uma Biografia
O Dom da Amizade
As Cartas de J.R.R. Tolkien
Tolkien e a Grande Guerra

Bibliografia e Referências

BRU, JOSÉ MANUEL FERRÁNDEZ. "Uncle Curro". J.R.R. Tolkien's Spanish Connection. Luna Press Publishing: Edinburgh, 2018.

CALDAS FILHO, Carlos Ribeiro (Org.) O Evangelho da Terra-média: leituras teológico-literárias da obra de J. R. R. Tolkien. São Paulo: Editora Mackenzie, 2011.

CARPENTER, H. As cartas de J.R.R. Tolkien. Curitiba: Arte e Letra, 2006.

CARPENTER, H. J.R.R. Tolkien: Uma Biografia. Rio de Janeiro: Harper Collins Brasil, 2018.

CARPENTER, H. The Inklings. London: HarperCollinsPublishers, 2006.

CARPENTER, H. The Old English Exodus. London: Oxford University Press, 1982.

CASAGRANDE, Cristina. A Amizade em o Senhor dos Anéis. São Paulo. Martin Claret. 2018.

DURIEZ, C. J.R.R. Tolkien & C.S. Lewis: O dom da amizade. Rio de Janeiro: Harper Collins Brasil, 2018.

GREGGERSEN, GABRIELE, MIRANDA, VINICIUS A. O Outro nome de Aslam: A Simbologia Bíblica nas Crônicas de Nárnia. Osasco: 100% Cristão, 2019.

KLAUTAU, Diego Genú. Metafísica da Subcriação: A filosofia do mito em J.R.R. Tolkien. São Paulo. A Outra Via. 2021.

KYRMSE, Ronald. Explicando Tolkien. São Paulo: Martins Fontes. 2003.

LEWIS, C. S. A Abolição do Homem. Rio de Janeiro: Thomas Nelson Brasil, 2017.

LEWIS, C. S. As Crônicas de Nárnia. São Paulo: WMF Martins Fontes, 2009.

LEWIS, C. S. Cristianismo Puro e Simples. Rio de Janeiro: Thomas Nelson Brasil, 2017.

LEWIS, C. S. O Peso da Glória. Rio de Janeiro: Thomas Nelson Brasil, 2017.

LEWIS, C. S. Os Quatro Amores. Rio de Janeiro: Thomas Nelson Brasil, 2017.

LEWIS, C. S. Sobre Histórias. Rio de Janeiro: Thomas Nelson Brasil, 2018.

MCINTOSH, Jonathan S. The Flame Imperishable: Tolkien, St. Thomas, and the Metaphysics of Faerie. Kettering: Angelico Press Ltd, 2017.

MIRANDA, Vinicius A. 101 Lições Espirituais na Cultura Pop. Osasco: 100% Cristão, 2021.

MIRANDA, Vinicius A. Fé com Pipoca: Cristianismo na Cultura Pop. Osasco: 100% Cristão, 2017.

NEWMAN, CARDINAL JOHN HENRY. Apologia Pro Vita Sua and Other Writings. Halcyon Press Ltd: UK, 2005.

PACKER, J. I. Vocábulos de Deus. São José dos Campos: Fiel, 2017.

RYKEN, Philip. O Messias vem à terra-média: Imagens do Tríplice Ofício de Cristo em O Senhor dos Anéis. Brasília: Monergismo, 2018.

SMITH, M. O Senhor dos Anéis e a Bíblia. São Paulo: Mundo Cristão, 2002.

TOLKIEN, J.R.R. A Natureza da Terra-média. Rio de Janeiro: Harper Collins Brasil, 2021.

TOLKIEN, J.R.R. A Sociedade do Anel. Rio de Janeiro: Harper Collins Brasil, 2019.

TOLKIEN, J.R.R. Árvore e Folha. Rio de Janeiro: Harper Collins Brasil, 2020.

TOLKIEN, J.R.R. As Duas Torres. Rio de Janeiro: Harper Collins Brasil, 2019.

TOLKIEN, J.R.R. Contos Inacabados. Rio de Janeiro: Harper Collins Brasil, 2020.

TOLKIEN, J.R.R. Morgoth's Ring. London: HarperCollinsPublishers, 2015.

TOLKIEN, J.R.R. O Hobbit. Rio de Janeiro: Harper Collins Brasil, 2019.

TOLKIEN, J.R.R. O Retorno do Rei. Rio de Janeiro: Harper Collins Brasil, 2019.

TOLKIEN, J.R.R. O Silmarillion. Rio de Janeiro: Harper Collins Brasil, 2019.

Referências audiovisuais

O Senhor dos Anéis: A Sociedade do Anel. Direção: Peter Jackson. Produção: Barrie M. Osborne, Fran Walsh, Peter Jackson, Tim Sanders. Intérpretes: Andy Serkis, Cate Blanchett, Christopher Lee, Elijah Wood, Ian McKellen, Sean Astin e outros. Roteiro: Fran Walsh, Peter Jackson, Philippa Boyens. Estúdio: New Line Cinema/The Saul Zaentz Company/WingNut Films. Estados Unidos/Nova Zelândia, 2001.

O Senhor dos Anéis: As Duas Torres. Direção: Peter Jackson. Produção: Barrie M. Osborne, Peter Jackson, Tim Sanders. Intérpretes: Andy Serkis, Cate Blanchett, Christopher Lee, Elijah Wood, Ian McKellen, Sean Astin e outros. Roteiro: Frances Walsh, Peter Jackson, Philippa Boyens, Stephen Sinclair. Estúdio: New Line Cinema/The Saul Zaentz Company. Estados Unidos/Nova Zelândia, 2002.

O Senhor dos Anéis: O Retorno do Rei. Direção: Peter Jackson. Produção: Barrie M. Osborne, Peter Jackson, Tim Sanders. Intérpretes: Andy Serkis, Cate Blanchett, Christopher Lee, Elijah Wood, Ian McKellen, Sean Astin e outros. Roteiro: Frances Walsh, Peter Jackson, Philippa Boyens. Estúdio: New Line Cinema/The Saul Zaentz Company/WingNut Films. Estados Unidos/Nova Zelândia, 2003.

Referências de Sites

Site Box Office Mojo:
The Lord of the Rings: The Fellowship of the Ring
https://www.boxofficemojo.com/title/tt0120737/?ref_=bo_se_r_1

The Lord of the Rings: The Two Towers
https://www.boxofficemojo.com/release/rl4032923137/?ref_=bo_sh_tx

The Lord of the Rings: The Return of the King
https://www.boxofficemojo.com/release/rl4251026945/?ref_=bo_sh_tx

O maior livro do Século XX: (Waterstone)
https://thegreatestbooks.org/lists/180
https://web.archive.org/web/20060213000712/
http://www.salon.com/books/feature/2001/06/04/tolkien/

O 3º livro mais vendido de todos os tempos:
https://jamesclear.com/best-books/best-selling

O romance mais amado da Inglaterra: (The Big Read, BBC)
https://www.bbc.co.uk/arts/bigread/top100.shtml

Prêmios da Trilogia Cinematográfica:
https://en.wikipedia.org/wiki/List_of_accolades_received_by_The_Lord_of_the_Rings_film_series

Faturamento da marca O Senhor dos Anéis:
https://www.foxbusiness.com/media/how-much-lord-of-the-rings-made

Vinyar Tengwar 43
https://www.elvish.org/VT/VT43sample.pdf

Rute e Boaz
https://ultimato.com.br/sites/jovem/2017/06/08/rute-boaz-e-uma-historia-de-amor-maior/

Canais

Caldeirão Furado
https://www.youtube.com/c/CaldeiraoFurado

Ei Nerd
https://www.youtube.com/c/einerdtv

Expresso de Hogwarts
https://www.youtube.com/c/RenieSantos

Filosofia com Pipoca
https://www.youtube.com/c/FilosofiacomPipoca

Haru
https://www.youtube.com/c/ClaudiaAndriolo_HaruJiggly

Jovem Nerd
https://www.youtube.com/c/JovemNerd

Nostalgia
https://www.youtube.com/nostalgia

Observatório Potter
https://www.youtube.com/user/observpotter

Omelete
https://www.youtube.com/c/omeleteve

Patrono Net
https://www.youtube.com/c/LeoSantiLive